Christine Bernauer-Keller • Rondo familioso für ein Sextett

Christine Bernauer-Keller

Rondo familioso für ein Sextett

oder

Warum kein Meister vom Himmel fällt

FOUQUÉ LITERATURVERLAG
Egelsbach • Frankfurt a.M. • München • New York

Die Deutsche Bibliothek – CIP-Einheitsaufnahme
Ein Titeldatensatz für diese Publikation ist bei
Der Deutschen Bibliothek erhältlich.

Autorin und Verlag unterstützen das Albert-Schweitzer-Kinderdorf in Hessen e.V.,
das verlassenen Kindern und Jugendlichen ein Zuhause gibt.
Wenn Sie sich als Leser an dieser Förderung beteiligen möchten, überweisen Sie bitte
einen – auch gern geringen – Betrag an die Sparkasse Hanau, Kto. 19380, BLZ 506 500 23,
mit dem Stichwort »Literatur verbindet«, Autorin und Verlag danken Ihnen dafür!

©2001 FOUQUÉ LITERATURVERLAG
Medien- und Verlagsgruppe Dr. Hänsel-Hohenhausen AG
Egelsbach • Frankfurt a.M. • München • New York
Boschring 21-23 • D-63329 Egelsbach bei Frankfurt/M.
Fax 06103-44944 • Tel. 06103-44940

ISBN 3-8267-4961-8
2001

Satz und Lektorat: Gudrun Daul
Umschlaggestaltung: Barbara Schmitt
Foto: Dr. Wolfgang Keller

Dieses Werk und alle seine Teile sind urheberrechtlich geschützt.
Nachdruck, Vervielfältigung in jeder Form, Speicherung,
Sendung und Übertragung des Werks ganz oder
teilweise auf Papier, Film, Daten- oder Ton-
träger usw. sind ohne Zustimmung
des Verlags unzulässig und
strafbar.

Printed in Germany

Zum Troste gereicht

all jenen, die ebenso eine wundervolle Familie haben
und trotzdem jeden dritten Tag davonlaufen möchten,

all jenen, die keine Familie haben
und sich jeden dritten Tag eine ebenso wundervolle Familie
wünschen,

all jenen, die eine ebenso wundervolle Familie hatten
und daran zurückdenken, wie sie jeden dritten Tag davonlaufen
wollten

Ouvertüre

Sehr geehrte Damen und Herren,

wir freuen uns, daß Sie so zahlreich erschienen sind und begrüßen Sie ganz herzlich in unserem kleinen Theater.
In wenigen Minuten wird der Vorhang sich heben und wir bitten um absolute Ruhe, denn unsere Musiker sind ein wenig nervös. Sie spielen und üben zwar täglich miteinander, doch ein Auftritt auf der Bühne des Lebens ist jedesmal eine neue Herausforderung. Im Rampenlicht zu stehen, wenn allzu kritische Ohren jeden falschen Ton bemerken und aufmerksame Augen jede Unsicherheit wahrnehmen, das erfordert Mut und Entschlossenheit. Bedenken Sie, es ist noch kein Meister vom Himmel gefallen!
Doch sie haben entschieden, das „Rondo familioso" in der Öffentlichkeit zu spielen und dafür bitten wir Sie, verehrtes Publikum, um Anerkennung.
Wenn der Vorhang später wieder fällt, freuen wir uns über Ihren Applaus.
Dafür, und nur dafür spielt unser Ensemble heute für Sie.
Denn sie spielen das „Rondo familioso" eigentlich jeden Tag, nur heute, heute spielen sie es nur für Sie, liebe Gäste, heute hebt sich der Vorhang.
Vielen Dank und viel Vergnügen wünscht Ihnen

der Dirigent

Teil 1 / Soli

I. Valentin erzählt

II. Lea erzählt

III. Benjamin erzählt

IV. Mama erzählt

V. Benjamin erzählt

VI. Papa erzählt

VII. Miriam schreibt und Mama erzählt

VIII. Papa erzählt

IX. Valentin erzählt

X. Benjamin erzählt

XI. Lea erzählt

I.

andante

„Ich habe zwei Schwestern, eine kleine und eine große, aber eigentlich sind beide größer als ich, denn ich bin der Kleinste in der Familie.

Ich heiße Valentin, aber alle sagen Vali zu mir. Valentin gefällt mir aber eigentlich sehr gut, denn ‚Valentin' heißt *der Starke*, hat Mama mir gesagt. Nur verstehe ich nicht, warum sie meinen großen Bruder, den Benni, dann Benjamin genannt haben. ‚Benjamin' heißt doch *der Kleine*. Jedenfalls finde ich es aber gut, daß ich *der Starke* bin. Sie werden sich dabei schon was gedacht haben.

Ich habe also zwei Schwestern, einen Bruder, eine Mutter und einen Vater. Ich habe auch noch eine Oma und einen Opa und eine Uroma, die heißt Emmi. Deshalb ist sie die Emmi-Oma. Ich habe die Rita, und ich habe den Benedict noch. Benedict ist Bennis Freund und heißt eigentlich Benne, aber er spielt oft mit mir, und das finde ich gut. Es ist gut, einen großen Freund zu haben, finde ich.

Ich habe noch einen Freund, der heißt Niklas und ist mein Cousin. Niklas Mama ist die Ulli, und die Ulli ist Mamas Schwester.

Wer die Rita ist? Die Rita kommt jeden Morgen mit dem Fahrrad zu uns. Sie hat sogar einen eigenen Schlüssel für unser Haus. Eigentlich will ich auch einen Schlüssel für unser Haus haben. Mittags geht sie dann wieder heim. Sie ist unsere Hausfrau und macht alles. Ich freue mich jeden Morgen, wenn sie kommt. Rita ist echt nett.

Ja, und dann haben wir noch zwei Katzen und zwei Meerschweinchen. Wir sind also ganz viele, und das finde ich gut so.
Die Mia wohnt nicht mehr bei uns. Sie wohnt in Rostock, das ist ganz weit weg. Sie will Arzt werden und lernt das dort. Das heißt ‚studieren', glaube ich. Sie redet immer von der ‚Uni' und so. Ich weiß aber nicht, wer das ist.
Die Mia ist oft so traurig. Bei Bennis Geburtstagsfest war sie zu Besuch da und war auch wieder sehr traurig. Da habe ich sie gefragt, warum sie traurig ist, und sie hat gesagt, sie hat Liebeskummer.
‚Was ist Liebeskummer?' habe ich gefragt.
‚Wenn du jemanden mehr lieb hast als er dich', hat die Mia gesagt.
Das habe ich nicht ganz verstanden, aber ich habe ihr gesagt, daß ich sie genauso lieb habe wie sie mich.
Das hat die Mia sehr gefreut, und sie hat mich ganz fest gedrückt, bis ich von ihrem Schoß wieder runter wollte.
Manchmal habe ich auch Liebeskummer, glaube ich. Wenn Mama nämlich auf mich ärgerlich ist und schimpft, dann denke ich auch, daß sie mich nicht mehr lieb hat. Und weil ich keinen Liebeskummer haben will, sage ich dann zu Mama:
‚Ich habe dich auch nicht mehr lieb.'
Wenn ich das zu Mama sage, ist sie immer sehr traurig und fragt, ob ich das ernst meine. Meistens sagt sie aber, daß sie mich trotzdem lieb hat. Dann ist mein Liebeskummer wieder weg.
Eigentlich könnte die Mia das doch genauso machen. Es geht ganz einfach.
Ich wohne in Dahn. Dahn ist eine große Stadt und in Dahn gibt es alles. Einen Kindergarten, eine Schule für Lea und Ben-

ni, ein Schwimmbad, ein Krankenhaus für Papa, einen Supermarkt und zwei Kirchen. Und das ist gut so. Es ist gut, in einer Stadt zu wohnen, wo es alles gibt.

Wir haben ein großes Haus und ich habe ein eigenes Zimmer, wie Lea und Benni auch. Sie sagen, ich hätte das kleinste Zimmer, aber das macht mir gar nichts aus, denn dafür ist nur in meinem Kinderzimmer ein Fernseher! Und wenn die beiden fernsehschauen wollen, müssen sie mich fragen. Und das ist gut so.

Die Mia hat kein Zimmer. Wenn sie kommt, kriegt sie meines. Ich schlafe sowieso jede Nacht bei Lea im Zimmer, im Doppelbett unten.

Spielen tun wir aber am liebsten im ganzen Haus. Das geht nicht immer. Wenn Mama Gäste bekommt, ist das besonders schwierig. Dann dürfen wir im Wohnzimmer keine Höhlen bauen aus Stühlen und Decken und das Wohnzimmer nicht auf den Kopf stellen, sagt Mama. Wie kann ein Wohnzimmer eigentlich auf dem Kopf stehen? Wir laufen doch immer auf dem Boden und nicht an der Decke. Mama sagt manchmal wirklich komische Sachen. Vielleicht verstehe ich das später, das sagt sie auch oft. Aber ich hätte so gerne ihren Freundinnen unsere tollen Höhlen gezeigt.

Damit wir wirklich keine Höhlen im Wohnzimmer bauen, wenn Mama Gäste kriegt, dürfen wir fernsehschauen. Und das ist sehr gut so!"

II.

affettuoso

„Ich bin die Lea! Vali soll jetzt mal still sein, denn ich will auch etwas sagen. Sei doch mal still, Vali!
Mama ... ich kann gar nichts sagen, weil Vali nicht mal still ist! Mama ...
Okay, jetzt hat er ein Päckchen Kaugummi gekriegt. Vielleicht ist jetzt mal ein Moment Ruhe und ich kann auch mal was sagen.
Am liebsten würde ich ja jetzt was vortanzen, ich kann nämlich mindestens vier Tänze. Den Zwergentanz vom Kindergarten, die Champagner-Polka vom Ballettunterricht, den Regenschirmtanz von der Minigarde und den neuen Tanz von der Minigarde, der geht so ...
Ach so, ich soll was *sagen*, den Tanz kann man ja im Buch nicht sehen!
Also, ich komme nach den Sommerferien in die Schule und meinen Schulranzen habe ich auch schon. Ich kann schon bis hundert zählen und rechnen bis zehn. Und das Alphabet kann ich auch schon. Die Teletubbies im Fernsehen finde ich babyhaft langweilig. Die schaut nur noch der Vali gerne. Der ist ja auch erst vier. Und das Sandmännchen ist auch was für Kleine. Und außerdem will Vali immer diese holländischen Videos sehen. Davon haben wir drei Stück. Ich finde die blöd, denn man versteht gar nichts, weil alles auf holländisch ist. Vali stört das nicht, der lacht sich halb kaputt dabei. Ich schaue lieber ‚Arielle' oder ‚Robin Hood' oder ... ‚Cinderella'. Aber diese Videos dauern so

lange, über eine Stunde, die dürfen wir nicht immer schauen. Damit wir nicht streiten, müssen wir immer abwechseln mit dem Video-Aussuchen. Einmal sucht der Vali aus und das nächste Mal ich. Auch am Computer sollen wir immer abwechseln und beim Gute-Nacht-Geschichte-Aussuchen auch. Immer der, der die Gute-Nacht-Geschichte aussucht, darf auf Mamas Schoß sitzen, aber der Vali drängelt sich immer vor. Mama schimpft dann zwar, aber es nützt nicht immer was. Oft bleibt Vali doch einfach auf ihrem Schoß sitzen, obwohl ich auch so gerne mal auf Mamas Schoß würde. Das finde ich ungerecht!
Überhaupt nimmt der Vali mir immer alles weg. Alles, was ich in die Hand nehme, will er auch. Und wenn er es nicht kriegt, dann gibt es ein fürchterliches Gebrüll. Da muß man sich die Ohren zuhalten, so laut kann der brüllen. Es ist ganz schön schwer, zwei Brüder zu haben. Der Vali ärgert mich oft und der Benni auch. Da bin ich ganz froh, daß ich meine Freundinnen habe. Wenn mal eine Freundin bei mir zu Besuch ist, stört der Vali uns auch immer. Mama will aber, daß wir ihn mitspielen lassen. Ich wäre so gerne mal mit meinen Freundinnen allein. Wir machen die Zimmertüre zu, aber er kommt einfach rein. Wenn wir die Tür zuhalten, fängt er an zu brüllen. Dann schimpft Mama wieder mit uns, und das finde ich ungerecht!
Besonders gut geht es mir, wenn die Mia da ist. Am liebsten schlafe ich dann auch bei ihr im Bett. Da kann der Vali dann ruhig die Mama nachts für sich haben. Wir gehen nämlich jede Nacht zur Mama hoch und dürfen zu ihr ins Bett. Nur leider will er dann auch immer zur Mia, wenn ich bei der Mia sein will, und die sagt natürlich nicht nein. Das finde ich auch ungerecht!
Was, ich soll noch was zu mir selber sagen? Was denn? Ich rede doch von mir. Ich habe lange Haare, die sollen eigentlich bis

zum Po wachsen. Aber gerade überlege ich, ob ich sie nicht abschneiden soll. Dann kann niemand mehr daran ziehen. Außerdem haben Mama und Mia auch kurze Haare. Und ich habe blaue Augen, wie der Vali und die Mia. Papa und Mama haben braune Augen. Sie sagen, die blauen Augen kommen von der Oma und die blonden Haare auch.

Ach, jetzt ist erst mal der Benni dran. Ich überlege mir noch was für später. Los Benni, jetzt du!"

III.

sempre comodo

„Muß das sein?! Was soll ich denn sagen? Ich bin 13 Jahre alt und komme in die 7. Klasse. Wie ich die Schule finde? Na ja, wie Schule halt so ist. Ferien haben ist cooler.
Mein Hobby ist Fußballspielen. Zweimal die Woche haben wir Training. Diese Saison sind wir gar nicht schlecht. Wir bräuchten nur einen anderen Trainer.
Oh Mann, was soll ich denn noch sagen?
Ich hätte gerne ein eigenes Handy, einen Fernseher im Zimmer und am besten noch einen Computer. Aber meine Eltern sagen, das kommt nicht in Frage. Klar! Aber geil wär's trotzdem. Ansonsten finde ich den Papa und die Tine ja ganz okay.
Ständig der Streß mit dem Zimmeraufräumen und den rumliegenden Klamotten, das ist ätzend. Aber das haben die anderen irgendwie auch. Bei meinen Freunden ist das auch nicht anders.
Freunde haben ist cool, dann kann man abdampfen, wenn's daheim ungemütlich wird. Gibt zwar auch oft Diskussionen, wenn ich zu früh aus dem Haus gehe, wegen der Hausaufgaben und der Mittagszeit und so, aber man muß Eltern halt reden lassen. So fährt man am besten.
Kann jetzt nicht mal jemand anders weitermachen, ich geh' mal rüber zum Benne. Vielleicht sagt der ja nachher auch noch was, tschüs!"

IV.

sempre cocitato

„Typisch Teenager! Mal kreativ sich was einfallen lassen ist nicht drin. Manchmal denke ich, wenn die noch mehr vor dem Fernseher sitzen würden oder vor dem PC, dann wären sie gar nicht mehr in der Lage, sich was Sinnvolles einfallen zu lassen.
Ach so, Entschuldigung, ich habe mich ja noch gar nicht vorgestellt:
Ich bin die Mama und heiße Tine. Christine eigentlich, aber viele sagen Tine zu mir, zumindest Benni und Miriam und der Rest der Verwandtschaft und ein paar Freundinnen von mir.
Daß der Benni sich jetzt nicht mehr einfallen läßt zu sich, das ist wirklich schade. Vielleicht versuchen wir es später noch einmal, vielleicht ist er dann etwas gesprächiger.
Hm, das mit dem Zimmeraufräumen und den Klamotten stimmt natürlich schon, aber in seinem Zimmer sieht's auch immer zum Davonlaufen aus. Jungs in der Pubertät sind in dieser Hinsicht schon ein Thema für sich, jedenfalls höre ich das immer auf den Elternabenden von den anderen Müttern, und das ist tröstlich. Den Kampf um die Ordnung nehmen sie aber alle auf, und den damit verbundenen Ärger ebenfalls.
Da geht man jahrelang in eine Meditationsgruppe, um unter anderem das ‚Loslassen' zu lernen, aber schon im engsten häuslichen Bereich scheitert man täglich an Kleinigkeiten. ‚Loslassen', was für ein Zauberwort. Das Zauberwort, das angeblich alle Probleme auf einen Schlag löst. Doch wie bitte schön sieht das praktisch aus, wenn ich mich beim Blick in Bennis Zimmer

schwarz ärgere? Oder wenn Vali ein ohrenbetäubendes Geschrei macht, weil er nicht in Leas Zimmer darf? Wie läßt man das los?

Geneigter Leser, wenn Sie ein Patentrezept haben, würde ich mich freuen, wenn Sie mir eine Kopie zuschicken. Ich bin sicher, es gäbe Tausende von hocherfreuten Abnehmern, ihres Zeichens Mütter.

Meine Mutter scheint diese Art Probleme allerdings anders gelöst zu haben. Jedenfalls sagt sie mir nach jedem Babysitter-Aufenthalt in Dahn, daß sie die Probleme mit ihren Kindern (sie meint meine Schwester und mich) nicht hatte. So etwas gab es damals nicht. Den Zirkus, den ich mit den Kindern beim Essen und beim Schlafen habe, das versteht sie überhaupt nicht. Und wenn die Oma Babysitting macht, scheinen meine Kinder die reinsten Engel zu sein. Vali schläft durch, ohne nachts etwas zu Trinken zu wollen, ißt Dinge, die er bei mir noch nicht mal anschaut, Benni kümmert sich hingebungsvoll um seine jüngeren Geschwister und Lea ist ohnehin Omas Liebling.

Meine Mutter hat sich über das ‚Loslassen' sicher noch nie Gedanken gemacht. Und irgendwie funktioniert bei ihr alles ganz wunderbar. Auch ohne Meditationsgruppe. Dafür mit Dutzenden von Kaffeekränzchen, die in den siebziger Jahren noch ganz modern waren. Jede Woche mindestens zwei Stück. Heute gehe ich so selten Kaffee trinken, daß ich mich kaum daran erinnern kann, wann das zuletzt der Fall war. Und statt die Kinder dorthin mitzunehmen, wie unsere Mütter uns früher, versuche ich heute eher, meine Kinder unterzubringen, um allein wenigstens zwei Stunden zu haben, in denen man sich mal ungestört unterhalten kann.

Wieso hat das früher funktioniert? Die Mütter saßen im Wohnzimmer und tranken Kaffee, unterhielten sich, hatten Spaß, und wir spielten friedlich und geräuschlos stundenlang in Kinderzimmern mit den Kindern ihrer Freundinnen.

Meine Kinder spielen im ganzen Haus, und wenn ich telefoniere oder Besuch habe, dann spielen sie genau neben mir. Und erfreulicherweise dann meist besonders laute Spiele. Ich ermahne meine Kinder dann sanft, doch bitte etwas ruhiger zu sein, damit Mama sich mit ihrer Freundin, die sie doch so lange nicht gesehen hat, ein bißchen unterhalten könne, was jedoch ohne jegliche wahrnehmbare Resonanz bleibt! Es ist auch nicht modern, nicht pädagogisch zeitgemäß, seine Kinder anzuschreien. Also tue ich es nicht, schon gar nicht, wenn Besuch da ist. Aber das Reden und Bitten alleine nützt bei meinen Kindern rein gar nichts.

Wieso hat das früher funktioniert?

Meine Mutter hat todsicher nicht so viel mit uns geredet. Hat sie uns angeschrien?

Jedenfalls hat es funktioniert. Sie konnte Sonntagmorgens lange schlafen, ohne daß es früher Fernsehen gegeben hätte, um die Kinder noch ein Stündchen vom elterlichen Bett fern zu halten. Sie hatte ungestörte Nächte, Kinder, die alles gegessen haben, immer friedlich mit anderen Kindern gespielt haben, wahrscheinlich immer Punkt sieben Uhr im Bett waren und auch prompt schliefen, brav ihre Zimmer aufräumten und nie brüllten.

Es hat funktioniert, ganz ohne Loslassen. Oder haben die Mütter früher doch losgelassen? Aber was, bitte?"

V.

comodo

„Eigentlich wäre jetzt Papa dran, aber der liegt ganz cool oben auf der Galerie auf dem Sofa und ließt die Zeitung, seine heißgeliebte FAZ. Die einzige Zeitung, die was taugt, seiner Meinung nach. Ich kann gar nicht verstehen, was am Zeitunglesen so toll sein soll. Außer dem Sportteil interessiert mich nämlich nichts. Den schnappe ich mir aber jeden Morgen, während ich frühstücke. Meistens gibt es Ärger, weil ich die Zeitung nicht genauso gefaltet wieder zurücklege, wie sie war. Dabei läßt der Herr Vater sie auch überall rumliegen, wo er steht und geht. Aber bei Kindern ist das eben was anderes. Genauso mit den Schuhen: Ich geb's ja zu, daß ich meine Schuhe immer im Eingang rumliegen lasse, aber der Herr Vater tut das auch. Aber bei Kindern ist das eben was ganz anderes.
Mit den Vätern ist das eh' so eine Sache. Also meiner denkt, er wüßte alles. Erzählt man mal was von der Schule, dann ist er immer auf der Seite der Lehrer. Die Lehrer kann er immer gut verstehen. Er redet schon genauso. Am besten hält man den Mund.
Auch beim Fußball denkt er, er wüßte alles. Klar, Papa wäre der beste Nationaltrainer überhaupt... aber wer von uns spielt denn dreimal Fußball in der Woche, er oder ich? Oh, ich glaube, gerade erhebt er sich von seinem Sofa. Papa, jetzt bist du dran, komm' mal runter!
Oh, Gott! Ich hab's doch gewußt! Bis der jetzt unten ist, das dauert.

Also eigentlich würde ich mit ihm gern wieder mal Squash spielen. Aber er hat ja nie dann Lust, wenn ich Zeit habe. Und wenn ich Lust habe, hat er keine Zeit. Dabei hat er ja nur keine Lust, sich aufzuraffen. Mir sagt er dauernd, daß ich mich bewegen soll, wenn ich ein Fußballstar werden will. So würde das nie etwas mit mir. Tolles Vorbild, muß schon sagen. Immerhin hat er's jetzt von der Galerie runter geschafft. Mit einem Affenzahn!
Kommst du jetzt, Papa? Oh je, jetzt geht er erst noch zum Briefkasten. Na, dann können wir's ja erst mal vergessen. Bis er sich erst wieder über jede Rechnung aufgeregt hat, wird's heut' abend, bis der mal was sagt hier!
Ich geh' mal duschen. So eine heiße Dusche, darauf habe ich jetzt richtig Lust. Übrigens, wenn ich mal ein bißchen länger unter der Dusche stehe, krieg' ich gleich 'n Anschiß wegen der Energie- und Wasserkosten. Papa duscht aber immer stundenlang, und das sogar mit einem Duschradio, damit's so richtig Spaß macht. Na ja, bei Kindern ist das eben was ganz anderes."

VI.

sempre con forza

„Junge, Junge, paß' nur auf, was du sagst! Schließlich bin ich dein Vater! Als ich 13 Jahre alt war, hätte ich mir das bei meinem Vater nicht erlauben dürfen. Das hätte eine Backpfeife gegeben. Man müßte bei euch Jungs sowieso viel mehr durchgreifen. Bin ja nur froh, daß meine liebe Frau die Kinder gut im Griff hat. Aber manchmal muß ein väterliches Donnerwetter trotzdem sein, damit sie mal wieder merken, wer hier ... was? Meine Frau winkt ab. Ich soll solche Sachen nicht sagen. Wieso denn nicht? Es stimmt doch, oder?
Also, mit vier Kindern so unterschiedlicher Altersstufen ist man schon gut gefordert. Sieben Jahre sind sie auseinander, ein biblischer Zyklus, sage ich immer: Sieben dürre Jahre und dann ein fruchtbares und am Schluß zwei fruchtbare hintereinander.
Meine Frau rollt schon wieder die Augen und meint, das stimme nicht ganz, das mit den Jahren. Ist doch egal. Das sieht doch keiner so eng. Also, wenn du jetzt ständig was auszusetzen hast, an dem, was ich sage, dann sage ich nichts mehr und lese meine Zeitung weiter. Nein, ... ich bin nicht schon wieder beleidigt! Aber wenn ich schon was erzählen soll, dann laß mich doch erzählen, was ich will!
Beispielsweise, daß ich heute Geburtstag habe, und mal wieder merke, wie die Zeit verfliegt. Vor zwei Jahren habe ich mir zu meinem Fünfzigsten noch ein neues Cabrio gegönnt. Mittlerweile habe ich schon das nächste Cabrio. Mein Freund W. hat sich jetzt auch eines geleistet, allerdings einen Roadster. Eine

echte Rakete, das Ding. Als ich vor zwei Jahren mit einem Roadster geliebäugelt habe, hat meine Frau mir ständig ins Gewissen geredet, keinen Zweisitzer zu nehmen. Man könne damit ja noch nicht mal zwei Kinder transportieren. Das habe ich natürlich eingesehen und habe einen Viersitzer genommen. Meine Leidenschaft für Cabrios teilt sie allerdings trotzdem nicht. Sie haßt es, wenn ihr der Wind um den Kopf weht. Sie bekommt trockene Augen und einen trockenen Hals dabei, sagt sie und legt eine derartige Leidensmiene auf, daß ich zumindest die Scheiben oben lasse.
Eine Leidensmiene legt sie auch auf, wenn ich von einem Einkaufstrip bei ALDI wiederkomme, oder wenn ich die Kinder zum Einkaufen mitnehme. Dabei staune ich immer wieder, wieviel man im Einkaufswagen hat, wenn man bei ALDI für 100 DM einkauft. Da kriegt man für die Mark noch was. Wenn ich nur daran denke, wieviel man heute von einer Mark abgeben muß, man wird ja überall nur noch gemolken, da, ja da dürfte man eigentlich nur noch zu ALDI gehen. Es wird doch immer härter, Geld zu verdienen, und da macht das Einkaufen bei ALDI richtig Laune. Drei Hemden habe ich mir gekauft, eines für 14,98 DM und die anderen waren heruntergesetzt auf 9,98 DM. Sieht kein Mensch, und für die Klinik tun sie's allemal. Lea habe ich einen Schlafanzug mitgebracht, der auch reduziert war. Allerdings mußte ich meiner Frau versprechen, mich das nächste Mal mit ihr abzusprechen, wenn ich Einkaufen gehe, denn Lea hat so viele Schlafanzüge ...
So, jetzt lese ich noch den Wirtschaftsteil der FAZ, der fehlt mir noch. Übrigens, wessen Idee war das eigentlich mit diesem Interview?"

VII.

sempre con dolore

"Hört mal, was die Mia schreibt, aus Rostock. Heute kam ein Brief von ihr. Ich lese ihn Euch vor:

Hallo Ihr Lieben!

Vielen Dank für Euer Päckchen, über das ich mich sehr gefreut habe. Es ist einfach immer wieder schön, ein Päckchen zu bekommen, besonders, wenn man so weit fort von zu Hause ist.
Hier in Rostock ist alles wie immer. Es gibt nicht viel Neues, außer, daß es mir noch immer nicht besonders gut geht. Ich habe das Gefühl, die Lernerei wird immer mehr statt weniger. Die ganze Zeit habe ich mich damit getröstet, daß es im vierten Semester besser werden würde, aber es geht gerade so weiter, wie bisher. Streß ohne Ende. Manchmal denke ich, ich schaffe das alles einfach nicht. Ich habe so viel Pech, manchmal kommt es mir vor, als hätte sich alles gegen mich verschworen. Gestern hatte ich eine kurze Auseinandersetzung mit meinem Biochemie-Professor, weil er etwas behauptet hat, was anders in meinem Buch steht. Er hat das natürlich abgestritten, aber ich weiß doch ganz genau, daß ich recht habe. Ich habe es doch so gelernt. Solche Sachen passieren mir dauernd, ich verstehe das einfach nicht! Manchmal verstehe ich überhaupt nichts mehr. Ach, ich weiß auch nicht ...
Papa sagt immer, ich soll mich durchbeißen. Der hat gut Reden. Er hat ja alles hinter sich und früher, zu seiner Zeit, war das Medizin-

studium viel leichter. Viele Fragen könnte er wahrscheinlich gar nicht mehr beantworten. Das bestreitet er sicherlich jetzt, wenn er das liest, aber er müßte mal hier sitzen und das alles mitkriegen, um zu verstehen, wie schwer ich es habe. Außerdem ist es an den Ost-Unis schwieriger als im Westen, das sagt jeder.

Am Wochenende im Studentenkeller habe ich einen ganz süßen Typen kennengelernt. Er sieht absolut umwerfend aus und war echt super angezogen. Außerdem hatte er ein geniales Parfum. Ich glaube, er fand mich auch gut, aber er ist aus München und nur zum Wochenende zu Besuch hier bei einem Freund. Ich habe vielleicht ein Pech! München! Das ist am anderen Ende der Republik. Aus Frust habe ich mir sein Parfum gekauft und schnuppere daran, wenn's mir schlecht geht. Aber irgendwie kommt dabei ja auch nichts Gescheites raus. Ist das nicht echt trostlos? Jetzt warte ich dauernd darauf, daß er mir eine SMS aufs Handy schreibt oder anruft. Ich traue mich gar nicht mehr aus dem Haus. Bei meinem Pech klingelt das Telefon garantiert, sobald ich unten die Tür zuschlage.

So, nun ist es 23.00 Uhr und ich muß noch mal was für Biochemie lernen. Merken kann ich mir zwar nicht mehr viel, aber wenn ich nichts mehr lerne, kann ich wegen des schlechten Gewissens auch nicht schlafen. Wie sagt Papa immer: ‚Es kann ja nur besser werden! Es kommen auch wieder andere Zeiten.' Hoffentlich! Ich freue mich auf die Semesterferien und auf Euch und Dahn. Kaum zu glauben, ich hätte nie gedacht, daß ich mich mal auf DAHN freuen würde ...

Meldet Euch mal und denkt an mich nächste Woche bei der Prüfung. Ganz liebe Grüße an die kleinen Racker und Benni. Er soll mir mal schreiben. Eure Mia

Oh weh, die arme Miriam! Ich glaube, sie braucht wirklich Hilfe, so von Frau zu Frau. Ob ich ihr noch einmal einen Brief schreibe? Sie kann einem richtig leid tun, nicht?
Wenn der Herr Papa sagt, sie solle sich durchbeißen, ist das natürlich richtig, aber ob ihr so ein Rat in diesem Augenblick hilft? Manchmal ist es ganz schön schwer, als Eltern überhaupt etwas zu sagen, geschweige denn etwas Richtiges.
Wenn Benjamin eine schlechte Note nach Hause bringt, weiß ich im Grunde auch nicht, was ich sagen soll. Schimpfen ist nicht pädagogisch, loben kann ich ihn dafür auch nicht, übergehen hieße, den Jungen mit seiner Not nicht zu achten. Und trösten? Trösten fällt manchmal auch schwer, weil man mitbekommen hat, wie wenig der Herr Sohn mal wieder für die Arbeit gelernt hat und man als Eltern selbstverständlich der Meinung ist, er hätte viel mehr tun können. Dann wäre die Arbeit sicherlich besser ausgefallen. Wieso also trösten? Weil er die Kurve nicht gekriegt hat, mehr zu lernen? Wie also gehe ich psychologisch und pädagogisch richtig mit so einer Situation um?
Ich glaube, darüber muß ich erst einmal meditieren. Vielleicht bekomme ich Hilfe von ‚oben'. Es heißt doch immer: Ein Problem nach ‚oben' abgeben, dann loslassen (mal wieder), und es wird einem Hilfe aus der geistigen Welt zuteil. Ob ich dann erfahre, was ich zu meinem Sohn sagen soll, der mir eine Fünf in Französisch vorlegt?
Vielleicht sollte ich auch meine Aura-Soma-Flaschen mehr anwenden, vielleicht mich energetisch in blaues Licht hüllen und morgens meine Chakren schließen, um all die negativen Energien erst gar nicht an mich heranzulassen? Auch Bachblüten könnten in so einem Fall helfen, den Energieverlust zu

kompensieren. Doch das Beste soll immer noch sein, sich ständig der vielgepriesenen, bedingungslosen göttlichen Liebe bewußt zu werden, die uns immer einhüllt, und die wir weitergeben können. Dann, wenn wir zu allem ‚Ja' sagen, alles integrieren, dann sind wir mit allem eins. Und die Probleme seien weg, gelöst, aufgelöst, heißt es. Eine wahrhaft ‚himmlische Vorstellung'!

Da war doch so ein Artikel, den mir eine Freundin kopiert hat, das klang auch so einfach. 21 Tage lang den abgedruckten Text lesen, und zack, sind wir quasi erleuchtet!

Ich fand's nach 3 Tagen schon langweilig, immer wieder dasselbe zu lesen. Nein, so kann's auch nicht gehen, befand ich. Es muß einen anderen Weg geben.

Aber was ich mit Miriams Liebeskummer und Benjamins Fünf in Französisch mache, weiß ich noch immer nicht. Daher bleibe ich erst mal beim Altbewährten und Vertrauten, dem Erteilen völlig überflüssiger, allgemeiner und wenig hilfreicher Ratschläge sowie dem beim jugendlichen Zuhörer absolut verhaßten Heranziehen der eigenen Vergangenheit zu Vergleichszwecken. Wie gerne möchten wir doch von unseren Erfahrungen weitergeben an die Jugend, wie unwillkommen sind sie dort, unsere Erfahrungen. Wie sehr merkt man es doch selbst, wie hilflos fühlt man sich letztlich, wie sehr schwor man sich, alles anders und besser zu machen als die eigenen Eltern, und wie erschütternd ist die Erkenntnis, wenn man merkt, daß man es ganz genauso macht."

VIII.

con forza ma non troppo

„Ich weiß gar nicht, weshalb du dir immer so viele Gedanken machst! Das bringt doch im Grunde auch nicht weiter, und du zermürbst dich nur unnötig. Jedes Kind muß seinen Weg gehen, und wir werden es nicht wesentlich beeinflussen können, oder ist es etwa nicht so?
Das mit der Fünf in Französisch allerdings, das hat mir noch keiner gesagt. Erfährt man als Familienvater in diesem Haus nicht mehr alles? Ich glaube, ich muß mir unseren Freund Benjamin mal zur Brust nehmen. Ist doch klar, das konnte ja nicht besser werden. Hast du in der letzten Woche mal gesehen, daß der Junge was gelernt hat? Der ist doch immer schon aus dem Haus, bevor wir mit dem Mittagessen fertig sind. Bekommen die eigentlich keine Hausaufgaben mehr auf? Ich weiß nicht, aber wir früher, wir saßen den ganzen Nachmittag über unseren Hausaufgaben. Und kurz vor einer Klassenarbeit, da haben wir Nachmittage lang gelernt. Und heute? Die Kinder hatten doch kaum Unterricht seit den Osterferien. Ein Wandertag gestern, vorgestern waren die französischen Austauschschüler da, dann die Woche Landschulheim, die ansteht, und als Krönung noch eine Woche ‚Projektwoche‘, so nennen die das heute, wenn die Ferien eine Woche früher anfangen. Dazwischen ist dann immer noch mindestens ein Lehrer krank, oder sie haben Besprechungen. Benni erzählt doch täglich von einer Freistunde, in welcher die Schüler nur in der Schule rumhängen. Gibt's da eigentlich keine Vertretungen? Richtigen, konsequenten Unter-

richt haben die Kinder im Grunde seit Ostern nicht mehr. Ich weiß auch nicht, wohin das noch führen soll! Ein Internat oder eine Privatschule. Da ist wenigstens noch eine Linie drin. Na ja, das deutsche Bildungsniveau ist ja bekannt. Stand doch kürzlich in der FAZ, was das deutsche Abitur in Europa noch wert ist ...

Die Lehrer sind doch auch keine Vorbilder mehr heute. Demonstrieren wegen einer Wochenstunde mehr ... Stell dir das doch mal vor! Wer fragt mich denn, wieviel ich arbeiten will. Glaubst du, der Patient, der gerade mit einem Herzinfarkt eingeliefert wurde, glaubst du, den kümmert es, ob ich eine Wochenstunde mehr habe? Der freut sich nur, daß er wieder Luft kriegt, sag' ich dir.

Wen wundert es da, daß die Kinder heute auch keine Lust mehr haben. Der Haken liegt im ganzen System. Ist doch überall der Wurm drin. Keiner will mehr was arbeiten, jeder hält nur die Hand auf. Kein Wunder, daß wir die Eliten aus Indien holen müssen! Da, da steht es in der FAZ! Einfach ein klasse Zeitung, immer meiner Meinung. Soll ich es dir mal vorlesen?

Nein? ... Ach, das ist mal wieder typisch Frau. Für die faktischen Tatsachen interessiert ihr euch nicht, statt dessen wühlt ihr in irgendwelchen Chakra-Handbüchern nach Patentrezepten. Die gibt es nicht. Hier, da steht es, Flexibilität ist gefragt. Umdenken auf ganzer Linie. Solange die Politiker das nicht verstehen, ändert sich nichts hier im Land. Wie heißt es doch so schön? Wer die Zeichen der Zeit nicht versteht, den bestraft das Leben! Das sage ich ja schon seit Jahren, aber keiner will es hören. Manchmal komme ich mir vor, wie der Prophet in der Wüste.

Sag mal, es ist so kalt geworden. Soll ich den Kamin anmachen? Mich fröstelt irgendwie, ich glaube ich werde krank. Wie, dir ist gar nicht kalt? Na, dann werde ich wohl wirklich krank. Ich fühle mich heute den ganzen Tag schon so angeschlagen. Aber da haben wir ja nun den Beweis, du frierst nicht und ich fröstle! Ich habe schon geahnt, daß es ein grippaler Infekt sein muß. Ich habe so ein leichtes Kratzen im Hals, und nach dem Rotwein gestern abend wurde es noch schlimmer. Eigentlich hätte ich es wissen müssen! Wenn ich Halsschmerzen habe, darf ich einfach keinen Wein trinken. Und die ganze Nacht Sodbrennen. Bestimmt auch vom Wein. Ob der okay war? Heute morgen habe ich mich schon beim Aufwachen ganz matt gefühlt. Wenn die Gliederschmerzen von den Zehen bis unter den Scheitel kriechen, dann bahnt sich immer irgend etwas an. Haben wir noch Kamillentee im Haus? Ach, sei doch so lieb und koche mir einen.

Das mit der Sauna wird heute dann auch nichts. Und Squashspielen kann ich mit Benjamin auf gar keinen Fall. Stell' dir vor, ich bekäme im Squash-Court eine Herzattacke. Dabei kann man auf der Stelle tot umfallen. Nein, nein, das möchte ich nicht riskieren.

Aber ein heißes Erkältungsbad wäre jetzt was.

Wie ..., ich soll die Kinder gleich mitnehmen in die Badewanne? Na klar hätten die Spaß mit mir im Wasser. Das kann ich mir schon vorstellen, aber eigentlich wollte ich mich ein bißchen entspannen dabei. Mensch, da hast du aber jetzt was gesagt. Jetzt laufen sie schon und holen ihr Playmobil-Piratenschiff und zwei Dutzend Playmobil-Ritter. Valentin will eine große Wasserschlacht veranstalten. Oh Gott, ich frage dich wirklich: Mußte das jetzt sein?!

Du meinst, wenn ich schon nicht mit Benjamin Squash spielen könnte, sollte ich wenigstens Lea und Valentin das seltene Vergnügen gönnen und mit ihnen baden? Und Valentin die Haare waschen soll ich auch noch gleich bei der Gelegenheit? ... Ja und ich? ... Ich bekomme eine sanfte Massage während der Tagesthemen, sagst du? Darauf könnte ich mich mit dir einigen. Okay! Abgemacht. Du hast mal wieder gewonnen! Die Kinder hatten ja noch nicht so viel von ihrem Papa heute, Lea und Valentin.

Die FAZ lasse ich noch mal hier liegen. Räume sie bitte noch nicht weg. Gestern habe ich die Börsenseite gesucht, und du hast sie als Auslage für den Meerschweinchenkäfig benutzt. Ich gebe zu, manchmal könnte man auf die Entwicklung der Börse wirklich schei..., aber bitte erst, wenn ich sie gelesen habe!"

IX.

fortissimo

„Juhu! Mit dem Papa baden! Lea, wir dürfen mit dem Papa in die Badewanne! Komm, wir holen schnell das Piratenschiff und die Ritters, und dann machen wir eine Wasserschlacht mit dem Papa und spielen Piraten. Ich nehm' den Schwarzen mit dem goldenen Schwert. Und du? Ja okay, ... den Roten kannst du haben. Komm, wir gehen schon mal hoch und machen das Wasser an. Da muß ganz viel Wasser in die Badewanne rein, damit es so richtig schwappt bei der Schlacht. Was, Haare waschen, hat Mama gesagt? Das will ich aber nicht! Immer das blöde Haarewaschen. Das brennt so in den Augen. Lea mag das auch nicht, weil sie so lange Haare hat, gell Lea? Außerdem finden wir beide das Fönen blöd. Aber Lea muß ihre Haare fönen, weil sie so lange Haare hat. Auch Abtrocknen ist blöd. Wenn ich aus dem Wasser komme, ist es immer kalt im Bad. Immer! Manchmal dürfen wir Römer spielen, dann wickelt uns die Mama in ganz große Handtücher ein. Aber das dürfen wir auch nicht immer. Und das finde ich auch blöd. Wir dürfen auch das Bad nicht unter Wasser stellen, sagt Mama. Benni darf nicht mit uns baden, weil dann das Bad auf jeden Fall unter Wasser steht. Dabei kann man mit Benni ganz tolle Wasserschlachten machen. Ob das mit Papa auch so gut geht?
Manchmal kommt Mama auch auf die Idee, uns die Fußnägel zu schneiden nach dem Baden. Ich weiß nicht, warum ihr das gerade nach dem Baden einfällt, aber ich finde es blöd. Ich habe große Angst, daß sie in meinen Zeh schneidet. An den kleinen

Zeh laß' ich sie gar nicht ran. Da hat sie nämlich schon mal reingepiekst. Deshalb ziehe ich den Fuß immer wieder weg. Da wird sie besonders ärgerlich und hält meinen Fuß besonders fest und das finde ich besonders blöd. Dann schreie ich so laut, daß Lea sich die Ohren zuhält. Vielleicht kommt Papa nicht auf die Idee, mir die Fußnägel zu schneiden. Sonst spritze ich ihn einfach naß, bis er aus dem Bad geht!
Im Schwimmbad ist es auch schöner mit Papa als mit Mama. Mama will nie ins Wasser. Sie sei keine Wasserratte, sagt sie immer, sie sei wasserscheu. Sie liegt immer auf dem Gras und liest. Sie liest sowieso immer nur. Papa geht gern mit uns ins Wasser. Wenn er dabei ist, dürfen wir auch ins große Becken. Und rutschen tut er auch mit uns. Die Mama ist noch nie gerutscht. Sie hat Angst und das finde ich blöd. Ich habe doch auch keine Angst und bin sogar viel kleiner! Wenn man die Badehose in die Poporitze schiebt, dann kann man besonders schnell die Rutsche runtersausen.
Ich würde auch mal gern mit dem Opa baden. Ob er gute Wasserschlachten machen kann? Er würde sogar den schwarzen Ritter von mir kriegen. Opa kann eigentlich alles. Aber ich habe noch nie mit ihm gebadet. Das muß ich ihm das nächste Mal aber sagen. Komm, Lea, jetzt geht's los! Papa komm, die Wasserschlacht geht los! Mach doch mal Platz, Papa, du brauchst ja die ganze Badewanne für dich. Okay, ja so. Und jetzt bist du eine Pirateninsel, und wir greifen vom Schiff aus die Insel an. So! ... Platsch! ... Papa, du bist echt eine tolle Insel. Kannst du noch ein bißchen mit dem Kopf unter Wasser bleiben, ja? Deine Haare wären jetzt unser Gras und mein Pirat versteckt sich gerade in deinen Haaren. So! Nein ... Papa, beweg' dich jetzt nicht, sonst fallen die Ritter doch alle runter, und wir haben

verloren. Oh Mann, Lea, jetzt hast du Papa geschubst! ... Du bist echt blöd und baden mit dir ist auch blöd, Lea. Das nächste Mal bade ich mit dem Papa alleine, das macht viel mehr Spaß. Oder mit dem Opa. Und dann, dann gibt es eine Riesenwasserschlacht! Und Benni muß auch mitmachen. Sicher vergißt Mama dann das Haarewaschen und das Fönen und das Nägelschneiden und das Abtrocknen auch!"

X.

comodo

„Oh Mann, endlich geht's los. War ja kaum mehr auszuhalten zu Hause gestern. Nichts wie weg. Sieben Tage ohne familiy, das ist echt geil. Den Alten sieben Tage lang nicht sehen müssen, oh Mann, ja, wer freut sich darauf nicht! Sieben Tage lang kein Genörgel, was wieder alles nicht gemacht ist. Hoffentlich sind die Lehrer nicht so kleinkariert in der Woche. Aber wir Schüler sind ja deutlich in der Überzahl, was wollen die da schon machen ... 3 Klassen, 75 Schüler und 6 Lehrer. Landschulheim! Irgendwie cool. Ich hoffe, daß dort keiner Streß macht wegen dem Aufräumen.
Gestern noch hat die Tine total genervt wegen der Packerei. Alles sollte ich alleine richten, und dann kam sie mit dem Packzettel, regte sich noch tierisch auf, weil der so zerfetzt war und kontrollierte alles, was ich mir so hingerichtet hatte. Dabei konnte ich gar nichts dafür, daß der Zettel so zerfetzt war, denn das war der blöde Kater, nicht ich! Eine Kleinigkeit hat gefehlt vom Zettel, und prompt ging die Meckerei wieder los. Ich hätte es wieder nicht gründlich genug gemacht, typisch, daß wieder was fehlte, meinte sie, mir könne man einfach nichts auftragen, noch nicht mal mein eigenes Zeug fürs Landschulheim zu packen. Und wenn was fehlte, schimpfte sie weiter, würde es sie auch nicht kümmern, das sei dann meine Sache. Schließlich sei ich alt genug, meine paar Sachen selbst zu richten. Oh Mann, dann fehlt halt was, ist mir jetzt auch egal. Muß ich ja mit leben, nicht sie, oder? Aber anstatt dann endlich Ruhe zu geben,

kam sie nach einer Stunde mit dem Zettel noch einmal, und wir sind zusammen doch alles noch einmal durchgegangen. Irgendwie hält sie sich an ihre Drohungen ja doch nie, zumindest darauf ist Verlaß! Wenn sie sich dann nur dieses Gemeckere sparen würde, darauf könnte ich echt verzichten.

Und dann der Alte! Da schleppen die Kleinen ihr halbes Kinderzimmer in den Garten, und dann wird man angeschnauzt, weil man nicht mit Begeisterung aufräumen hilft. Ist doch Valis Zeug, habe ich mir erlaubt zu sagen. Oh, da hättet ihr mal den Herrn Vater hören sollen! Mein Gott, hat der sich aufgeregt wegen diesem Satz von mir. Er räume auch den ganzen Tag Zeug von mir auf, obwohl er damit nichts zu tun habe, was übrigens überhaupt nicht stimmt! Unverschämt fand er mich. Ich habe mich natürlich gewehrt, und da hat's dann so richtig geknallt. Dann hat die Tine noch mit den Kleinen angefangen rumzuschreien, alles wegen der Aufräumerei im Garten, bis der Benne, der mich besucht hatte, Leine gezogen hat. Ich glaube, dem wurde die Luft hier zu dick.

Der hat's echt gut. Seine Eltern haben ihn alleine zu Hause gelassen und sind für zwei Tage weggefahren. Ganz allein ist der bei sich zu Hause. Der darf das. Mich lassen sie nie allein hier. Wahrscheinlich aus Angst, dem Haus könnte was passieren, es brennt ab oder so. Wenn sie nur mal einen Nachmittag am Wochenende weg sind, muß ich ihnen schon genau sagen, was ich zu tun gedenke, sonst muß ich nämlich mit ihnen mitgehen. Irgendwie können sie den Gedanken nicht aushalten, daß ich mehrere Stunden hier allein im Haus bin. Sie sagen es nicht so deutlich, aber ich glaube sie haben immer Angst, daß ich dann nur vor dem Fernseher hocke. Na ja, so verkehrt ist das ja auch nicht. Aber was wäre denn daran auch so schlimm? Andere in meinem Alter gucken viel mehr fern als ich. Ich darf ja nie. Muß schon dankbar sein, wenn ich am Wochenende mal 'nen Film schauen darf. Am Wochenende! Und dann wollen sie auch immer ganz genau wissen, was ich da schauen will. Irgendwie einfach alles Streß! Habe ich dann den Titel des Films nicht ganz genau im Kopf, wird sie schon wieder mißtrauisch. Ich müsse doch wissen, was ich schauen will, sagt sie dann, und unterstellt mir gleich, es gehe mir nur darum, mich vor die Glotze zu hauen, egal was kommt. Dabei stimmt das gar nicht so. Aber wir haben ja schließlich auch keine richtige Fernsehzeitschrift. Wie soll ich ihnen sagen, was das für ein Film ist, wenn ich mich nicht richtig informieren kann?

Da sagt zum Beispiel ein Freund morgens zu mir: ‚Du, da kommt heute abend so 'ne geile Komödie in der Glotze, mußt du dir unbedingt reinziehen!' Mehr weiß ich dann ja auch nicht. Aber mir reicht diese Information. Ein Film eben, den man gesehen haben muß am Montag morgen, wenn alle in der Klasse darüber reden. Und wie sag ich das meiner Mutter? Die versteht das sowieso nicht. Ist ein absoluter Fernsehgegner! Liest immer. Man könnte grad meinen, beim Fernsehen könnte man sich vergiften, oder was. So stellt die sich manchmal an, wenn's drum geht, mal was gucken zu wollen. Und von allen Sendungen, die mich interessieren, hält sie sowieso nichts. Die Simpsons zum Beispiel, die findet sie besonders idiotisch.

Ach, vergiß es! Eltern halt. Ich weiß auch nicht, wieso man denen nie was recht machen kann. Am ehesten, wenn man gar nicht da ist. Früher habe ich schon mal zu ihnen gesagt, sie sollen doch den Benne zum Sohn nehmen, wenn der ihnen lieber sei, und ich hau' ab. Dann gab's immer ganz besonders netten

Ärger, denn darüber konnte sich mein Vater dann irrsinnig aufregen. Egal was du sagst, sie kapieren einfach nichts!
Jetzt jedenfalls geht's erst mal nach Lörrach ins Landschulheim. Sieben Tage lang keinen Streß mit den Eltern. Kann gar nicht verstehen, daß es manche gibt, die sogar noch Heimweh kriegen. Scheinen solche Probleme daheim ja nicht zu haben. Ich habe sicher kein Heimweh. Warum auch? Bin mit meinen Freunden auf einem Zimmer, da geht dann voll die Post ab. Beknackt ist nur, daß ausgerechnet ich kein Handy habe. Fast alle haben eines. Das muß meine nächste Anschaffung werden. Aber dagegen haben meine Alten natürlich auch was. Logo!
Papa fährt mich zum Busbahnhof. Tine hat schon wieder fast die Krise gekriegt, als ich sie heute morgen geweckt habe. Sie hat gedacht, es sei erst sieben Uhr, dabei war's schon acht. Hauptsache, noch mal schnell gemeckert, als erste Tat des Tages. Ich hab' sie reden lassen, man will sich ja nicht am frühen Morgen schon über unausgeschlafene Mütter aufregen. Immerhin ist sie dann doch kurz aufgestanden, um mir tschüs zu sagen. Auf dieses ‚Tschüs' hätte ich auch verzichten können, aber man muß dankbar sein! Na ja, normalerweise bin ich morgens auch nicht so gesprächig.
Also nichts wie weg! Bevor irgendwer wieder was findet, worüber er sich aufregen könnte. Vor allem, bevor sie bemerken, daß ich Dreck an meinen Schuhen hatte, als ich noch einmal in mein Zimmer runter mußte, um was zu holen, was ich dort vergessen hatte. Aber die Dreckklumpen durchs ganze Haus entdecken sie erst, wenn ich schon im Bus nach Lörrach sitze ... Was soll's? Weg ist weg! Und tschüs!
Und wenn ich wiederkomme, dann haben sie die dreckigen

Schuhe vergessen. Dafür fällt ihnen bestimmt was Neues ein. Ganz bestimmt!"

XI.

affettuoso

„Hallo, hier ist die Lea noch mal kurz. Ich möchte nämlich noch was erzählen, was ich echt ungerecht finde: Ich muß fast immer als Erste ins Bett! Na ja, Vali und ich. Manchmal auch ich allein, wenn der Vali mittags geschlafen hat, dann darf er länger wach bleiben als ich, und das, obwohl er jünger ist. Gemeinheit! Ich gehe nämlich nicht gerne ins Bett, besonders, wenn's im Sommer so hell draußen ist abends. Aber ich weiß, wenn die Schule anfängt, dann wird das anders. Mama sagt, dann müsse ich noch viel früher ins Bett.
Auch morgens geht's ihr nie schnell genug. Ständig treibt sie mich zur Eile an. Wenn ich in den Kindergarten will, soll ich mich beeilen. Husch husch, immer husch husch! Dabei liegt sie selber gern lang im Bett. Was kann ich dafür, wenn sie so spät aufsteht, daß dann alles husch husch gehen muß. Das finde ich ungerecht. Fast jeden Morgen und fast jeden Abend.
Nun soll ich mich auch schon wieder beeilen. Ich sei ja eigentlich schon dran gewesen mit Reden. Es reiche jetzt, meint sie. Aber ich finde, die anderen durften viel mehr sagen, als ich, der Papa und der Vali. Ist doch ungerecht, oder?
Die Mia hat ja auch nur einen Brief geschrieben, mehr nicht. Vielleicht würde sie ja auch noch gerne was sagen, aber sie ist nicht da und kann nicht. Irgendwie auch ungerecht. Deshalb sage ich jetzt noch kurz was zur Mia:
Die Mia hat wunderschöne hellblonde Haare, die ich auch gerne hätte. Sie hat auch ein Pferd, das heißt ‚Tänzer' und ist bei

ihr in Rostock. Tänzer ist oft krank, aber die Mia ist so froh, daß sie ihn hat. Sie sagt, sie würde ihn gegen keinen Mann der Welt eintauschen. Ich würde mein Meerschweinchen auch gegen keinen Mann tauschen. Außerdem habe ich ja einen Mann, den Papa nämlich. Warum ich allerdings den Benni nicht heiraten darf, das verstehe ich nicht. Ich muß die Mia mal fragen, die kennt sich da aus. Ich möchte auch so sein wie die Mia. Sie verspricht mir immer, wenn ich sie in Rostock besuchen komme, dann darf ich auf Tänzer reiten. Aber mit mir fährt ja keiner dorthin. Das finde ich echt ungerecht.

Mia wohnt mit einer Freundin in einer Wohnung. Die Freundin ist sehr nett. Ich glaube, die Mia ist gar nicht gern allein. Manchmal ist sie ganz schön froh, daß sie mit der Freundin zusammenwohnt. Ich würde so gern bei der Mia wohnen, aber das geht ja nicht. Ich freue mich aber schon wieder so sehr, wenn die Mia endlich kommt. Am liebsten hätte ich sie ganz für mich allein. Ich hätte auch die Mama gern ganz für mich allein. Sie hat mir versprochen, einmal in meinem Bett bei mir zu schlafen und jetzt warte ich jede Nacht darauf. Aber sie kommt nicht. Also gehe ich halt nach oben zu ihr und kuschle mich unter ihre Decke. Das Dumme ist nur, daß der Vali auch immer hochkommt, und schon müssen wir die Mama wieder teilen. Mama regt sich jede Nacht auf, weil sie mit uns beiden im Bett nicht so gut schlafen kann. Meistens liegt sie mit dem Kopf da, wo unsere Füße sind. Anders geht es nicht mehr, sagt sie, wir seien nun zu groß. Wir zwei, die Mama und ich, wir kämen bestimmt prima miteinander aus in ihrem Bett. Für zwei ist es groß genug und ich schlafe auch ganz ruhig, sagt die Mama. Wenn bloß der Vali nicht wäre! Der tritt sie immer nachts und strampelt, und da wacht die Mama immer auf. Mal sehen, was er macht, wenn ich nach den Sommerferien in die Schule komme. Ob er dann überhaupt noch allein, ohne mich, in den Kindergarten geht? Na ja, Vali ist eben doch noch ein Baby!"

Teil 2

I. Sonntag eben

II. Valentin spricht mit Mama über Miriam

III. Benjamin berichtet

IV. Lea spricht mit Papa über Onkel Erich

V. Vatertag eben

VI. Mama telefoniert mit Oma

VII. Lea beklagt sich

VIII. Feierabend eben

IX. Ein ganz normales Mittagessen

X. Lea und Valentin sprechen mit Mama

XI. Opa hat Geburtstag

XII. Benjamin erklärt Oma sein Handy

XIII. Sonntag bei Opa und Oma

XIV. Mama spricht mit einer Freundin

I.

Allegro moderato

Eigentlich ist die Familie Keller eine ganz normale Familie. Eine ganz normale Familie wie tausend andere Familien auch.
Es ist Sonntag, und Vater W. ist mit Sohn Benjamin nun endlich doch einmal zum Squashspielen gegangen, nachdem seine Frau ihm ins Gewissen geredet hatte, wie dringend Sohn Benjamin, an der magischen Schwelle zur Pubertät, den Wettkampf mit dem Vater brauche. Etwas widerwillig noch immer und unter massiven Beschwerden über den Zustand Benjamins teurer Sportschuhe, packte Vater W. seine Sportsachen zusammen. Nie mehr würde Benjamin so teure Sportschuhe bekommen, kommentierte der Vater die Versuche des Sohnes, den völlig dreckverkrusteten Sportschuh hallentauglich zu reinigen. Dann fuhren sie ab, stimmungsmäßig unter besten Voraussetzungen, sich in der nächsten Stunde aufs härteste zu bekämpfen.
Es ist Sonntag, ein ganz normaler Sonntag eben.
Zuvor ist die Familie Keller, wie die meisten Familien der kleinen Stadt Dahn, auf dem Maimarkt gewesen. Zwei Karussells, eine Boxbahn und mehrere Schieß-, Wurf-, Los- und Eßstände bilden zweimal im Jahr eine Attraktion, der sich Eltern nur mit größter Mühe entziehen können.
Vater W. kaufte gleich so viele Fahrchips, daß die Kinder mindestens eine Stunde Karussell fahren können, und Mutter Tine rollte die Augen angesichts der Aussichten, die nächsten sechzig Minuten vor dem Kinderkarussell stehen zu müssen. Ihrer

Meinung nach verwöhne der Vater die Kinder in diesen Dingen viel zu sehr, was Vater W. aber mit dem Argument entkräftete, daß man beim Kauf von vierundzwanzig Chips drei Freifahrten habe.

Nachdem Mutter Tine gequält, aber redlich bemüht um Höflichkeit, den vorbeiziehenden bekannten Gesichtern zugenickt hatte, in der Angst, irgendeine andere wartende Mutter könnte sich zu ihr gesellen und sie in ein Gespräch verwickeln, zog die Familie Keller geschlossen weiter zum Schießstand.

Etwas widerwillig auch dort, jedoch von Neugier getrieben, erklärte Vater W. sich bereit, zum ersten Mal in seinem Leben eine Flinte in die Hand zu nehmen. Als überzeugter, anerkannter Kriegsdienstverweigerer und leidenschaftlicher Pazifist, hatte er dies nämlich bis zum heutigen Tage noch nie getan.

Benjamin, der auf vergangenen Jahrmärkten seine Geschicklichkeit schon erprobt hatte, schoß mit dem Vater um die Wette. Mit Bravour und ruhiger Hand erzielte Benjamin für Schwester Lea eine Plastikrose und für Bruder Valentin eine Plastikfahne von Bayern München.

Vater W. machte keinen weiteren Versuch zu schießen, nachdem seine Trefferquote mit nur 10 % deutlich unter der des Sohnes lag und beschloß auf Anregung der Mutter, erst einmal zur Würstchenbude hinüberzugehen.

Mutter Tine, sonst peinlich genau auf gesunde Ernährung bedacht, überfiel die unkontrollierte Lust auf eine Riesenbratwurst mit Senf. In der Hoffnung, die ganze Familie würde sich jetzt hier gründlich satt essen, und ihr bliebe das Kochen heute erspart, regte sie die Kinder immer wieder an, doch ebenfalls eine Wurst zu essen, was sich jedoch als ziemlich erfolglos erwies, da Benjamin in der Zwischenzeit für Schwester Lea einen kleinen Dalmatiner aus Plüsch geschossen hatte, was bei Valentin für die nächsten dreißig Minuten zu ohrenbetäubendem Gebrüll führte. Alle Bemühungen des Schlichtens blieben ergebnislos, bis Vater W. dem jüngsten Sproß der Familie endlich zur Entschädigung dieser vermeintlichen Ungerechtigkeit die ersehnte Piratenflagge kaufte.

Vater und Mutter teilten sich ein Bier, die Kinder eine Fanta.

Doch der Höhepunkt des Familiennachmittages stand noch aus: Das Boxbahnfahren!

Wieder kaufte Vater W. reichlich Chips und teilte sie zwischen Benjamin und sich auf. Benjamin und Lea stiegen in ein Boxauto, Vater W. und Valentin in ein anderes. Mutter Tine stand am Rand und sah zu.

Sohn Valentin, ein begeisterter Boxautofahrer, drehte und riß am Lenkrad, daß die zwei Insassen beinahe die Kontrolle über ihr Fahrzeug verloren hätten. In der nächsten Minute geschah genau das, was Mutter Tine schon vorhergesehen und vorhergesagt hatte: Valentins Brille flog bei einem Aufprall aus dem Boxauto und verschwand kurzzeitig unter dem Gefährt. Vater W. stieg kurz entschlossen aus, um das wichtige Stück unter dem Auto hervorzuangeln, wobei ihm ein anderes Fahrzeug in voller Fahrt in die Waden fuhr und ihn beinahe umgerissen hätte.

Die Brille kam wieder zum Vorschein, stark verbogen, und wanderte in Mutters Jackentasche, die inzwischen schreckensbleich und in all ihren Ängsten bestätigt zum Ort der Ereignisse gelaufen war. Kopfschüttelnd und ohne jegliches Verständnis für diese Art von Vergnügen harrte sie weiter am Rand aus, bei jedem Zusammenstoß eines der Autos, in dem ihre Kinder saßen, zuckte sie zusammen und betete inständig, daß der letzte Chip

bald verbraucht sei. Valentin schien von den Vorgängen unbeeindruckt und begleitete die Fahrten mit lautem Jauchzen.
Benjamin lenkte sein Boxauto souverän durch die Menge, und Tochter Lea hatte ihren Spaß mit dem großen Bruder. Ein schönes Bild, dachte Mutter Tine. So einen großen Bruder hätte ich mir auch gewünscht, und in diesem Augenblick war sie außerordentlich stolz auf den gutaussehenden Sohn, der das Fahrzeug so geschickt drehte und wendete. Alle vier schienen ihren Spaß zu haben, wenn Vater W. auch ziemlich erschöpft aus dem Boxauto stieg. Vaterpflichten, nannte er das.
Vaterpflichten eben an einem ganz normalen Sonntag in einer ganz normalen Familie.
Als es kurz darauf zu regnen begann, holte Vater W. das Auto, und sie fuhren nach Hause.
Ach, bevor die Familie Keller übrigens zum Maimarkt ging, mußte Vater W. für die beiden Meerschweinchen Knopf und Willi auf Drängen der Mutter noch ein Häuschen bauen. Mutter Tine fand, die Tierchen bräuchten unbedingt einen Regenschutz. Nur dann könnten die empfindlichen Tierchen den ganzen Tag im Garten auf dem Rasen bleiben. Außerdem würde der Käfig dann nicht so oft saubergemacht werden müssen, wenn sie ihre Geschäfte tagsüber im Gras verrichten könnten. Das leuchtete Vater W. sofort ein und führte dazu, daß er in Begleitung der drei Kinder in den Garten zog, und aus übriggebliebenen Dachschindeln des Gartenhäuschens und einer alten Holzkiste eine kleine Villa für den neuen Familienzuwachs fertigte. Eine echte Sommerresidenz für Meerschweinchen aus gutem Hause.
Meines Erachtens hat Vater W. heute wirklich viel geleistet, und es ist nur allzu verständlich, daß er sich nach der anstren-

genden Squashpartie mit der umfangreichen Wochenendausgabe der FAZ zur Erholung auf sein Sofa zurückzog.
Mutter Tine würde später doch noch etwas kochen müssen, das war ihr klargeworden, als Vater W. fragte, ob sie nicht ein paar „schnelle" Nudeln machen könne. Klar konnte sie das, und nachdem sie sich als einzige mit einer fettigen Bratwurst auf dem Maimarkt so richtig satt gegessen hatte, blieb ihr auch keine andere Wahl, als doch noch einmal den Herd anzudrehen.
Nun gut. Vater W. hat wirklich was geleistet heute. Vaterpflichten eben. Sonntags.
Morgen sieht die Welt wieder anders aus. Das weiß Mutter Tine. Ein ganz normaler Sonntag in einer ganz normalen Familie.
… ach, beinahe hätte ich vergessen: Vater W. hat heute morgen, als Mutter Tine noch schlief und die Kinder Fernsehen schauen durften, schon die Geschirrspülmaschine ausgeräumt, den Frühstückstisch gedeckt, Brötchen aufgebacken und Kaffee und Tee gemacht. Ach ja, und die hungrig vor der Terrassentür maunzenden Katzen gefüttert, das hat er auch noch.
Wirklich eine ganz normale Familie?

II.

Scherzo

„Mama, warum heiratet die Mia nicht?" fragt mich Valentin.
„Sie ist noch sehr jung", antworte ich, „und außerdem hat sie wohl noch nicht den Richtigen gefunden."
„Aber warum heiratet sie nicht?" beharrt Valentin.
„Nun, ich denke, sie hat den Mann, den sie liebt und mit dem sie ihr Leben verbringen will, noch nicht gefunden", versuche ich es noch einmal.
„Aber da ist doch ein Mann, den sie liebt", erklärt mir Valentin.
„Ja, da gibt es wohl jemanden", stimme ich zu.
„Aber die Mia hat mir mal gesagt, sie liebt einen, aber der liebt sie nicht. Das hat sie mir erzählt."
„Und was hast du daraufhin zu ihr gesagt?" will ich wissen.
„Daß ich sie so liebhabe wie sie mich."
„Wenn Geschwister sich so liebhaben, Vali", sage ich, „dann ist das sehr, sehr schön."
Das Gespräch amüsiert mich gleichermaßen, wie es mich beeindruckt.
„Was denkst du, was die Mia tun sollte, um ihr Problem zu lösen?" frage ich.
„Zu ihm gehen, sagen, daß sie ihn liebt, und daß sie ihn heiraten will", antwortet Valentin prompt.
„Vielleicht hat sie Angst, daß er *nein* sagen könnte", gebe ich zu bedenken.
„Ja, das ist das Problem", muß auch Valentin zugeben.
„Um zu heiraten, müssen sich beide gleich liebhaben", erkläre

ich weiter. „Papa und ich haben geheiratet, weil wir uns beide lieben, und keiner ohne den anderen mehr sein wollte. Wir haben uns versprochen, bis ans Lebensende zusammen zu bleiben."

„Mama, war der Papa, bevor ihr geheiratet habt, auch ein Prinz?"

„Auch ein Prinz?" wundere ich mich, „wieso?"

„Weil doch alle Männer vor der Hochzeit Prinzen sind!" erwidert Vali.

„Ja, so gesehen ...", bestätige ich, „natürlich war Papa ein Prinz, mein Traumprinz."

„Hat er noch Prinz-Sachen?"

„Er hat noch ein Hemd aus dieser Zeit", fällt mir glücklicherweise ein.

„Sonst nichts?" will Valentin enttäuscht wissen. Sicher denkt er eher an ein Schwert oder einen Degen.

„Nein, sonst hat er nichts mehr. Nur dieses eine Hemd", muß ich gestehen. „Aber sag mal, Vali, wenn die Männer Prinzen sind, bevor sie heiraten, was sind sie denn dann nach der Hochzeit?"

„Dann sind sie Väter oder Könige!"

III.

Andante mezzo agitato

„Ich bin zwar schon wieder seit einiger Zeit zu Hause, aber die Tine hat gesagt, ich solle doch zu meinem Landschulheimaufenthalt noch was erzählen. Weil's so typisch sei für mein Alter, meint sie. Na ja, bevor sie mir tagelang damit in den Ohren liegt wegen ihrem neuen Buch, mach' ich's halt. Witzig finde ich das nicht und hoffentlich liest das von meinen Freunden *niemals* jemand, habe ich ihr gesagt. Wäre echt ultrapeinlich, aber da sie es unbedingt will ...
Irgendwie ist es ja immer wieder ganz okay, nach Hause zu kommen. Habe mich echt gefreut, die Tine und den Vali am Busbahnhof zu sehen. Sich zur Begrüßung zu umarmen ist aber uncool, habe ich ganz kurz gemacht. Also, heimfahren wollte eigentlich keiner von uns. Wir hätten am liebsten alle noch ein paar Tage drangehängt, aber was soll's. Dafür hat heimkommen den Vorteil, daß die zu Hause das vergessen haben, was vorher war und man wie 'ne Art Neuanfang hat. Jeder will wissen, wie's war, so viel fragen die mich sonst nie. Auf einmal bist du was ganz Besonderes, nur weil du auf 'nem Landschulheim warst. Man steht so richtig im Mittelpunkt, auch mal nicht schlecht. Habe dann auch einiges erzählt, das, was man Eltern eben erzählen kann, versteht sich. Zum Beispiel den Dauerstreß mit den Lehrern. Auf dem Landschulheim, da lernst du die Typen auf einmal von 'ner ganz anderen Seite kennen, so ganz privat. Ein Lehrer war dabei, der war echt total cool. Er hat mit uns immer Basketball gespielt, da ging's voll ab. Einmal hat er

einen von uns zusammengeschissen, der war hinterher 'nen Kopf kürzer. Er hat's aber auch echt verdient. So Lehrer finde ich gut, die haben noch was zu sagen und machen trotzdem einen Spaß mit.
Allerdings hat er uns nach zwei Tagen schon verboten, in die Mädchenzimmer zu gehen. Das war natürlich ein echtes Problem dann! Fast alle von uns Jungs sind nämlich verknallt. Die meisten haben auch mal geheult, ich auch. Tine konnte es kaum glauben. Das mit den Mädchen ist echt schwierig. Ich habe von meinem Liebeskummer erzählt, und die Tine wollte sofort wissen, welche es denn sei. Du kennst sie ja doch nicht, habe ich gesagt. Beschreiben konnte ich sie auch nicht. Beknackt ist, daß die in einen anderen verknallt ist, der nicht mit ihr gehen will. Da kannste ja echt gar nichts machen! Habe mit der Tine noch ein bißchen darüber geredet, aber die stellt sich das so einfach vor: Einfach hingehen und so. Kann ich doch nicht machen. Die lacht sich ja kaputt, und wenn das rauskäme, nee, das macht man nicht.
Dann gab's noch andere Probleme. Einer in unserem Zimmer, der hat vielleicht 'nen Dreck produziert. Nasenbluten nachts. Und dann lagen die ganzen nassen Waschlappen unter seinem Bett rum. Die Tine hat natürlich gelacht. Kann mir schon denken, was sie da gedacht hat. Daß ich selbst zu Hause auch so einen Dreck im Zimmer habe, das hat sie sicherlich gedacht. Aber im Landschulheim mit vier anderen im Zimmer, da fand ich den Dreck auch echt ätzend. Zu Hause ist es ja nur mein eigener Dreck. Die Tine braucht ja nicht in mein Zimmer reinzuschauen, wenn sie's nicht sehen kann. Aber das kapieren Mütter nicht. Gott sei Dank geht's meinen Freunden genauso.
Also, man lernt ja seine Freunde schon kennen. So gesehen

war's echt klasse. Wir haben kaum geschlafen. Nachts wurde es elend spät, und morgens mußten wir um 7.00 Uhr aufstehen. Küchendienst und so. Daheim habe ich dann erst mal den ganzen Nachmittag im Bett gelegen, bis die Tine mich um 19.00 Uhr geweckt hat. Ich könne ja sonst heute nacht gar nicht mehr schlafen. Mein sogenanntes *Schlafdefizit*, wie sie es nennen, kam meinen Eltern natürlich sehr gelegen, um mich für Tage besonders früh ins Bett zu schicken. Denkste!
Warum darf man eigentlich seinen eigenen Rhythmus nicht haben, frage ich. Na ja!
Jedenfalls habe ich für alle was mitgebracht. Das ist zwar eigentlich auch uncool, aber ich hab's trotzdem gemacht. Für Lea habe ich in 'ner Glasbläserei ein Glas mit ihrem Namen gravieren lassen. Ich glaube, sie fand das wirklich ganz toll! Für Vali habe ich in Basel einen Spielzeug-Tiger gekauft, den fand er auch ganz toll. Und für die Tine habe ich in der Papiermühle in Basel eine Feder mit einem Gläschen Tusche gefunden. Sie hat sich echt sehr gefreut. Wo sie doch so viele Briefe schreibt und überhaupt. Das ganze Zeug war ganz schön teuer. Zwanzig Schweizer Franken war mein Taschengeldanteil für diesen Tag, und die Sachen aus der Papiermühle haben schon die Hälfte gekostet. Aber über Geld spricht man nicht! Außerdem bringen die Tine und der Papa ja auch immer was mit, wenn sie verreist sind. Bloß für den Papa hab' ich nichts gefunden. Das war echt zu schwierig.
Eines steht fest: Aufs Essen zu Hause freue ich mich wieder. Das dort, das war echt ein Fraß. Außer, daß es morgens frische Brötchen gab, konntest du das Essen echt vergessen.
Heimweh hatte übrigens auch eine. Mein Gott, das war ätzend. Die hat vielleicht genervt. Wäre sie doch daheim bei ihrer Mama geblieben!

Jetzt muß ich mir nur überlegen, wie die Sache mit dem Mädchen weitergeht, das ich süß finde. Sechs Wochen Sommerferien sind ja super, aber in der Zeit sehe ich sie gar nicht, und das ist voll doof.
So, jetzt schaue ich mir das Fußballspiel um 20.45 Uhr an. Vorher noch schnell duschen. Habe ich mir irgendwie angewöhnt, jeden Tag zu duschen. Auf dem Landschulheim habe ich sogar zweimal am Tag geduscht, aber das darf ich hier nicht, kostet zuviel Wasser. So 'n Quatsch!
Irgendwie geht alles ganz schnell wieder genauso weiter wie es vorher war.

So, reicht das jetzt als Bericht für das komische Buch? Na, hoffentlich hat sie das bald fertig. Ist ja echt peinlich, so was. Aber was will man machen ..."

IV.

Intermezzo capriccioso

„Papa, kommt Onkel Erich immer zu Besuch, weil er ein neues Auto kaufen will?"
„Nein", antwortet Papa, „natürlich nicht. Aber diesmal ist es so gewesen."
„Aber letztes Mal, als sein Sohn, der Till, dabei war, da haben sie doch auch nach einem neuen Auto geschaut."
„Ja, stimmt, Lea", muß Papa zugeben, „da hast du recht."
„Warum kommen sie immer nach Dahn wegen neuen Autos? Gibt es dort, wo sie wohnen, keine Autos zu kaufen?"
„Doch, mein Schatz, in Offenburg gibt es auch Autos zu kaufen."
„Papa", hakt Lea nach, „warum kommen sie dann nach Dahn?"
„Weil es in Dahn ein spezielles Auto gibt, für das sich Till interessiert."
„Gibt es das in Offenburg nicht?" will Lea wissen.
„Nein, dieses spezielle Angebot nicht."
„Was für ein spezielles Angebot, Papa?"
„Eben genau so ein Auto wie Till es sucht, Lea-Maus."
„Ich bin keine Maus! Ich bin schon groß."
„Entschuldige, Schatz, das habe ich ganz vergessen", seufzt Papa.
„Warum kam diesmal die Hanna mit und nicht der Till?"
„Weiß nicht, warum die Hanna mitkam. Vielleicht hatte sie Langeweile, oder sie wollte das Auto ihres Bruders auch schon mal sehen, oder ... ich weiß es auch nicht, vielleicht einfach so!"

„Papa, wenn ich mal ein Auto haben will, fährst du dann mit mir auch so weit zum Suchen?" interessiert es Lea zu wissen.
„Hm, je nach dem, was du dann haben möchtest, warten wir's mal ab, oder?"
„Papa, ich möchte gerne ein Paar Inliner haben."
„Darüber müssen wir mal mit der Mama reden", weicht Papa aus.
„Warum?" fragt Lea.
„Weil wir besprechen müssen, ob wir Inliner für dich kaufen sollten oder nicht", erklärt Papa.
„Aber ich glaube", Lea runzelt die Stirn, „ich glaube Tante Brigitte redet bei den Autos auch nicht mit. Sie kann die Sache mit den Autos langsam nicht mehr hören, hat sie der Mama gesagt."
„Du denkst, die Mama sollte bei der Sache mit den Inlinern auch nicht mitreden? Stimmt's?" lacht Papa.
„Ja, sie ist ja bestimmt sowieso dagegen. Das weiß ich", sagt Lea geknickt.
„Na, wenn das so ist", schlägt Papa vor, „dann müssen wir uns was überlegen, wie wir sie überreden könnten."
„Oder wir fahren einfach ohne sie nach Offenburg", stimmt Lea plötzlich wieder fröhlich ein, „und schauen dort zusammen nach Inlinern. Dort gibt es bestimmt ganz spezielle."
„Wie, was meinst du mit ganz spezielle?" will Papa verwundert wissen.
„Na, ein besonders spezielles Inliner-Angebot für mich eben."

V.

Allegro vivace

Vatertag.
Vater W. hat auch heute morgen wieder Frühstück gemacht. Eigentlich wollte er wie immer seine Familie mit frischen Brötchen verwöhnen, aber als er um 8.30 Uhr an der Tankstelle stand, dem einzigen Ort, wo es an Sonn- und Feiertagen übrigens frische Brötchen gibt, da hatte eine andere Kundin ihm die letzten fünfzehn Brötchen vor der Nase weggeschnappt. Fünfzehn Brötchen auf einmal. So etwas dürfte gar nicht erlaubt sein, bei all den hungrigen Kunden, die noch in der Schlange standen. Mit einem einzigen Brötchen für fünf Personen kam er zu Hause an, deckte den Tisch und wartete geduldig auf den Rest der Familie.

Valentin klagte sofort seine Brezel ein, entschied sich dann für ein Toastbrot.

Mutter Tine aß ein Schwarzbrot, um dem Vater am Vatertag das einzige Brötchen zu lassen.

Lea entschied, überhaupt nichts zu essen, ließ sich nur zu einer Nektarine überreden.

Benjamin zögerte, teilte dann aber mit seinem Vater das eine Brötchen.

Mutter Tine hatte gestern ihre mütterlichen Pflichten verletzt, weil sie vergessen hatte einzukaufen. Vater W. hat heute seine väterlichen Pflichten verletzt, weil er nur mit einem Brötchen nach Hause kam.

Die Kinder frühstückten, entgegen sonstiger Wochenend-Früh-

stücksgewohnheiten, schnell und verließen den Tisch, um einer anderen Beschäftigung nachzugehen.
Vater W. und Mutter Tine verfielen in ein tiefsinniges Gespräch über veranlagungsbedingte und genetische Möglichkeiten des individuellen Gefühlsausdrucks bei Mann und Frau. Vater W. meinte, Frauen fiele es einfach leichter, Gefühle auszudrücken und zu zeigen als Männern. Mutter Tine erläuterte an einem eigenen Beispiel, daß dies nicht unbedingt so sein müsse. Schwer verdaulich wurde das an und für sich so leichte Frühstück am Vatertag dann erst durch die unvorhergesehene Wendung, die das Gespräch zwischen den beiden im weiteren Verlauf nahm. Gefühle können, wenn man sie erst ausdrückt, ganz schön auf den Magen schlagen, bei Mann und bei Frau. Darin waren sie sich dann schließlich auch wieder einig.
Vatertag eben.
Vater W. mußte nach dem Frühstück ins Krankenhaus, um seine Visite zu machen.
Mutter Tine entschied in Anbetracht des endlich guten Wetters nach der langen Regenperiode, im Garten Unkraut zu jäten.
Nach der Visite erklärte Vater W. sich bereit, mit Sohn Benjamin wieder Squash spielen zu gehen. Lea weinte, weil sie gerne mit ihrem Vater ins Schwimmbad gegangen wäre.
Benjamin muffte herum, weil er eigentlich am liebsten auf den großen Jahrmarkt nach Kaiserslautern gefahren wäre, was seiner Meinung nach nur deshalb nicht klappte, weil Onkel Erich mal wieder wegen eines Autogeschäftes heute nachmittag noch von Offenburg nach Dahn kommen wollte. Valentin schloß sich der allgemeinen Unzufriedenheit an und jammerte mit.
Vatertag eben.

Benjamin und Vater W. gingen zwar dann doch zum Squashspielen, kamen aber nach zwanzig Minuten wieder nach Hause. Benjamin hatte sich den Fuß verknackst, Binde, Kältegel, Jammern. Kein Squash also. Dafür aber jetzt Schwimmbad. Die Zeit reichte noch für zwei Stunden Schwimmbad, bis Onkel Erich wegen des Autos kommen würde. Jetzt freuen sich Lea und Valentin. Benjamin zieht sich schmollend in sein Zimmer zurück. Mutter Tine in den Garten.

Onkel Erich war schon da und saß mit Mutter Tine im Garten, als Vater W. völlig erledigt vom Schwimmbad nach Hause kam. Onkel Erich begrüßte den erschöpften Bruder herzlichst und holte dann das neue Auto beim Autohändler ab, um sofort eine Probefahrt damit zu unternehmen.

Völlig begeistert kehrte Onkel Erich nach einiger Zeit von seiner Spritztour durch die Südwest-Pfalz zurück. Vater W. sollte für alle nun etwas zu trinken holen, befand Mutter Tine, den Sonnenschirm aufstellen und den Grill anschmeißen, denn alle hatten mittlerweile riesigen Hunger. Natürlich wollten alle mithelfen. Jeder trug etwas in den Garten, nur der Grill wollte nicht so recht funktionieren. Vater W. suchte vergeblich einen Fön und ebenso vergeblich ein Verlängerungskabel, um das Feuer neu zu entfachen. Alle schlichen um den reich gedeckten Tisch herum, auf dem nur noch das gegrillte Fleisch fehlte. Während Benjamin unbeobachtet ein Stück Weißbrot vom Tisch verschwinden ließ, kippte der Sonnenschirm um und wollte nicht mehr stehen bleiben. Gemeinsam suchte man nun nach Lösungen. Die einen, wie man den Grill endlich anbrächte, die anderen, wie man dem Sonnenschirm Halt verschaffen könnte.

Mutter Tine reichte ihrem Mann ein Glas Sekt, damit es besser gehe, meinte sie.
Endlich wurde zu Tisch gerufen.
Benjamin stellte fest, daß sein Steak nicht ganz durch sei und verzog das Gesicht.
Lea sagte, sie könne ihres nicht richtig beißen wegen der Zahnlücken, und gab es dem Kater.
Valentin wollte seine Grillwurst daraufhin den Meerschweinchen geben.
Valentin wollte jetzt lieber selbst grillen. Vater W. sprang auf, um dieses Unterfangen sofort zu unterbinden, man hatte nämlich am Tisch gerade darüber gesprochen, wie gefährlich Grills für kleine Kinder seien, so ganz im allgemeinen. Statt dem Grill untersuchte Valentin dann das Grillbesteck und probierte aus, was man damit alles machen konnte. Er grub im Maiglöckchenbeet und zwickte mit der Fleischzange die Margeritenblüten ab.
Vater W. ging zum Rotwein über.
Die Sonne schien.
Vatertag eben.
Man unterhielt sich jetzt über das Leben im allgemeinen. Lea und Valentin trugen ihre Meerschweinchen spazieren und befragten Tante Brigitte, eine erfahrene Meerschweinspezialistin, zu typischen Problemen bei der Meerschweinhaltung. Cousine Hanna hörte geduldig zu. Benjamin begann im Garten Fußball zu spielen. Valentin auch, mit Meerschwein Willi auf dem Arm. Gegen 19.00 Uhr verabschiedeten sich die Gäste und brausten mit dem neuen Auto davon, noch eben schnell beim Autohändler vorbei, um den Kaufvertrag unter Dach und Fach zu bringen.
Vater W. ließ sich im Garten auf einer Liege nieder, um die schöne Abendstimmung über der wunderschönen Landschaft

zu genießen. Zur Entspannung machte er sich ein Bierchen auf und legte die Füße hoch. So ganz gemütlich eben.
Benjamin und Valentin kickten noch immer im Garten. Valentin barfuß. Tat sich weh. Vater W. spritzte auf, nahm den Kleinen mit ins Haus und zog ihm unter Protesten Schuhe an. Vater W. habe schließlich auch keine Schuhe an. Er spiele aber auch kein Fußball, erwiderte jener.
Vater W. setzte sich erneut auf seine Liege im Garten, um endlich die wunderschöne Abendstimmung zu bestaunen.
Mutter Tine jätete wieder Unkraut.
Valentin wollte jetzt doch nicht mehr Fußballspielen.
Lea krabbelte auf den Schoß ihres Vaters und wollte kuscheln.
Benjamin schoß einen Ball in den Garten des Nachbarn. Valentin wollte hinterher. Vater W. konnte ihn gerade noch davon abhalten. Nein, das müsse schon der Benni machen, meinte er, das sei zu gefährlich für den Kleinen, weil zu abschüssig.
Dann setzte er sich ein drittes Mal hin und trank sein Bier fertig.
Mutter Tine hatte nun genug gejätet, ihr tue der Rücken weh, und die Kinder sollten doch jetzt endlich ins Bett. Vater W. räumte den Garten auf, Mutter Tine die Kinder. Vater W. las die Gute-Nacht-Geschichte vor, Lea protestierte, wollte in Mutters Bett schlafen, wollte eigentlich noch gar nicht schlafen.
Irgendwann war Ruhe.
Vater W. verzog sich vor die Nachrichten im Fernsehen. Hier hatte er Ruhe. Das erste Mal heute.
Es war Vatertag.
Vatertag eben.

VI.

Intermezzo presto

„Mama! Die Oma ist am Telefon!" werde ich gerufen.
„Lea, sag' ihr, ich komme, bin schon auf dem Weg!"
„Oma, ich soll dir sagen, die Mama ist schon auf dem Weg zu dir."
„So Lea, jetzt kannst du mir den Hörer geben", sage ich.
„Tschüs Oma, die Mama ist jetzt da. Tschü-üs. Oma? Kann ich dich nachher noch mal sprechen? Okay, dann geb' ich dir jetzt die Mama. Tschüs!"
„Danke, Lea ... Hallo! Ach, schön, daß ihr wieder da seid. Wie war euer Urlaub?"
„Wirklich sehr schön war es. Aber du weißt ja, wie schnell einen der Alltag wieder hat. Es geht gleich wieder richtig los. Auspacken, Wäsche waschen, Einkaufen, Opa hat schon die Zeitungen der letzten vierzehn Tage durchgeschaut, meine Mutter hat auch schon angerufen ..."
„Mensch, da ist der ganze Urlaubseffekt ja schon gleich wieder weg", stelle ich erstaunt fest, „bei euch geht's ja schon wieder richtig rund!"
„Das kannst du wohl sagen", bestätigt meine Mutter. „Im Garten muß auch so viel gemacht werden. Da wuchert alles zu. Aber heute komme ich nicht dazu, ich muß nachher meine Mutter holen. Hab's ihr versprochen, weil wir doch zwei Wochen lang fort waren. Ich habe sie zum Kaffee eingeladen, und da dachte ich, lade ich meine Schwester gleich dazu ein, dann lohnt es sich wenigstens, einen kleinen Kuchen zu backen.

Aber ich habe keine Eier mehr im Kühlschrank, deshalb muß ich jetzt gleich noch schnell zum Supermarkt und welche holen. Wie spät ist es eigentlich? Ach ... da habe ich ja noch einen Moment Zeit. Wie geht's euch, Tine?"

„Na ja", antworte ich, „uns geht's allen gut. Lea hatte einen schönen Ballettauftritt vergangenen Sonntag, und am kommenden Samstag spielt sie in einem Musical vom Kindergarten als Zwerg mit."

„Ach wie schön! Ich denke so oft an meine süße Lea. Das hätte ihr bestimmt auch gefallen auf Mallorca." Oma seufzt. „Ich vermisse die Kinder richtig!"

„Ja", hake ich schnell ein. Das ist die Gelegenheit. „Das kann ich mir denken", erwidere ich, „deshalb wollte ich dich auch fragen, ob du nicht Lust und Zeit hättest, am übernächsten Wochenende zum Babysitten zu kommen. Wolfgang hat eine Tagung, und ich würde ihn gerne begleiten."

„Hm ...warte mal", meine Mutter zögert. „Da muß ich erst zu meinem Kalender rübergehen. Also ... welches Wochenende meinst du noch mal? Das übernächste? Hm ... da haben wir am Freitagabend eine Einladung zum 70. Geburtstag von Herrn K., das können wir unmöglich absagen. Am Samstag, da ist unser Canasta-Abend. Puh ... das haben wir schon viermal verschoben, es ist so schwierig, einen gemeinsamen Termin zu finden. Diesmal ist der Canasta-Abend bei uns, da muß ich mir noch überlegen, was ich koche. Ja ... und am Sonntag sind wir den ganzen Tag zum Wandern mit den alten Klassenkameraden von Opa. Da wird's bestimmt spät. Also an dem Wochenende ist es schlecht. Außerdem habe ich am Samstagnachmittag deinen Neffen Nicki noch zu betreuen, sehe ich gerade. Ulli und ihr Mann wollen ja wieder auf den Fußballplatz, da kann der Kleine

ja unmöglich mit. Tja, da weiß ich noch gar nicht, wie ich das mit den Vorbereitungen für den Canasta-Abend machen soll, wenn der Kleine bei mir ist. Den Opa einzuspannen, daß er mit Nicki spielt, ist ja kaum möglich. Der geht vormittags zum Malen und nachmittags will der dann seine Ruhe haben. Zum Lesen, du weißt ja! Wenn der Opa bis Samstagabend nicht die Zeitung einmal vorwärts und einmal rückwärts gelesen hat, kannst du mit ihm kaum was anfangen."
„War ja auch nur so eine Frage", entschuldige ich mich vorsichtig, „ich kann das auch anders organisieren, kein Problem. Ich frage mal unseren anderen Babysitter. Ich dachte ja nur ... weil du die Kinder so lange nicht gesehen hast. Deshalb dachte ich, frag' einfach mal. Hätte ja sein können, daß ihr zufälligerweise Zeit habt, Opa und du."
„Also eigentlich haben wir die nächsten Wochen so gut wie gar keine Zeit", stöhnt Oma.
„In kaum sechs Wochen fahren wir mit Freunden ja schon wieder an die Ostsee. Manchmal wird's mir wirklich fast zuviel mit den Reisen. Es ist ja ganz schön, aber man kommt zu Hause kaum zu etwas. Also heute morgen war ich schon bei der Krankengymnastin. Du weißt doch, ich habe vor dem Urlaub wieder so Schwierigkeiten mit dem Kreuz gehabt. Jetzt muß ich zweimal die Woche zur Krankengymnastik. Da ist der ganze Vormittag weg. Anschließend war ich noch kurz auf dem Markt, um ein paar frische Erdbeeren zu kaufen, die Erdbeerzeit ist ja auch bald zu Ende, da dachte ich, ich mache heute nachmittag schnell einen Erdbeerkuchen, wenn meine Mutter kommt. Die Haare soll ich ihr noch machen. Komisch, daß alte Leute so ungern zum Friseur gehen. Kaum bin ich wieder da, läßt sie sich die Haare von mir machen. Aber ich müßte eigentlich auch

dringend zum Friseur. Habe es vor dem Urlaub nicht mehr geschafft. Es war einfach zu viel los. Nur diese Woche weiß ich auch kaum, wie ich's unterbringen soll. Morgen früh habe ich mein Tennis-Doppel. Habe ja jetzt zweimal gefehlt. Da möchte ich unbedingt mitspielen. Außerdem habe ich im Urlaub wieder fast 1,5 kg zugenommen, obwohl ich kaum was gegessen habe. Morgens nur Obst! Und mittags nichts. Es ist wohl einfach die Bewegung, die einem im Urlaub fehlt. Also ich muß unbedingt morgen früh Tennis spielen, damit ich das wieder runterkriege. Ist ja auch eigentlich kein Problem. Hier esse ich sowieso nie etwas. Du müßtest mal unseren Kühlschrank sehen. Nichts drin."
„Na, dann wirst du ja keine Schwierigkeiten haben, dein Gewicht in den Griff zu bekommen!" bekräftige ich meine Mutter.
„Das denkst du!" protestiert diese sofort. „Wir sind schon wieder jeden Abend woanders eingeladen! Morgenabend ist gleich auf dem Tennisplatz ein Sommerfest. Ach herrje, da soll ich ja einen Salat mitbringen, fällt mir eben ein. Übermorgen ist Rotary, am Donnerstag hat Gerlinde Geburtstag. Die backt so phantastisch, da mußt du dann auch mindestens zwei Stücke Kuchen essen, sonst ist sie beleidigt. Oh, da brauche ich ja noch ein Geschenk! Ich weiß gar nicht, wann ich das besorgen soll. Warte mal, vielleicht reicht's nach der Krankengymnastik noch. Am Freitag kommt die Ulli kurz vorbei und bringt mir den Nicki noch einmal. Sie will sich einen neuen Bikini kaufen und will den Nicki auf keinen Fall zum Probieren mit ins Kaufhaus nehmen. Da habe ich ihr gleich angeboten, wenn sie so völlig erschöpft aus der Stadt komme, könne sie bei uns noch was zu Abend essen. Dann brauche sie sich zu Hause nicht sofort an den Herd zu stellen. Ja, und vielleicht können wir dann

noch mit Opa über die Sitzordnung für seinen 70. Geburtstag sprechen. Ach, das schiebt er schon ewig vor sich her! Ein Riesenproblem für ihn. Wenn ich nicht an alles denke! Du glaubst es nicht, es würde gar nichts passieren. Ich bin auch schon seit Wochen hinter ihm her, daß wir die Bäder neu streichen lassen, aber er reagiert überhaupt nicht." Oma stöhnt.
„Ach Mami, weißt du was, ich muß jetzt dringend die Kinder vom Kindergarten abholen. Das mit dem Babysitting war ja auch nur so eine Idee", sage ich.
„Aber du weißt doch, Tine, immer gerne. Ich freue mich ja immer so, wenn ich die Lea und den Vali sehe. Jederzeit! Nur an dem Wochenende geht es schlecht. Da müßte ich ..."
„Nein, nein", unterbreche ich sie schnell, „schon okay! Du brauchst nichts zu verlegen. Absolut nicht nötig! Ich mache das mit unserem jungen Babysitter, und der Benjamin ist ja auch da."
„Wenn das geht", bestätigt Oma, „in dem Fall wär's mir recht. Die jungen Leute haben sicherlich mehr Zeit als unsereins. Aber ansonsten jederzeit. Du weißt ja, ich komme immer gerne! Brauchst nur zu fragen ..."

VII.

Capriccio molto agitato

„Mensch Mama, ich wollte doch die Oma noch mal sprechen! Warum hast du jetzt aufgelegt?!"
„Oh, Entschuldigung, Lea. Hab' ich ganz vergessen. Aber du hast ja schon vorhin ein bißchen mit ihr geredet."
„Ja, aber ich wollte sie noch mal sprechen. Habe ich doch mit ihr ausgemacht. Manchmal finde ich Erwachsene echt ungerecht!"
„Ungerecht? Aber warum denn, mein Schatz?"
„Weil Erwachsene immer machen können, was sie wollen."
„Und Kinder etwa nicht?"
„Nein, Kinder können nie machen, was sie wollen."
„Was meinst du denn zum Beispiel?"
„Zum Beispiel mit meinen Freundinnen. Immer, wenn ihr jemanden besucht, müssen wir mit und sollen uns dann mit den Kindern dort verstehen und brav spielen. Das geht aber nicht immer, weil ich zum Beispiel nicht gerne zu den B.'s gehe. Denen ihre Kinder sind irgendwie blöd! Ihr könntet euch ja mal mit den Eltern *meiner* Freundinnen anfreunden und dann dorthin mit uns gehen. Dann würden wir bestimmt den ganzen Nachmittag schön brav spielen. Aber nein, es geht ja immer nach euch, und das finde ich einfach ungerecht!"
„So gesehen hast du irgendwie recht. Aber wir Erwachsenen müssen uns ja auch verstehen und unterhalten können."
„Von uns Kindern denkt ihr doch auch, daß wir gleich Freunde sein sollen. Überall. Im Schwimmbad, überall sagst du immer,

ich soll mir Freunde suchen. Es kann aber nicht *jeder* gleich mein Freund sein. Verstehst du?!"
„Hm, ja. Ich glaube, ich verstehe, was du meinst."
„Im Kindergarten ist es genauso ungerecht. Wie man's macht ist es falsch! Heute morgen beim Wandern, da haben die Erzieherinnen uns Vorschüler ständig angemeckert. Wenn wir vorauslaufen, sagen sie, wir sollen langsam machen, und wenn wir langsam machen und ein bißchen hinterher sind, sagen sie, schneller, schneller. Das finde ich total ungerecht. Immer wir, die Großen."
„Ich muß zugeben, das ist ja ganz schön schwierig."
„Ja, und weshalb darf der Benni länger aufbleiben als ich?"
„Ach Lea, fang nicht wieder damit an. Du weißt doch, daß der Benni sieben Jahre älter ist als du!"
„Ja, aber ich bin älter als der Vali. Wieso muß ich dann mit ihm zusammen ins Bett gehen?"
„Aber du bist doch müde abends."
„Nein, bin ich nicht. Und wenn's draußen so hell ist, kann ich sowieso nicht schlafen."
„Du findest wohl alles ganz schön ungerecht, was?"
„Ja, die ganze Welt! Warum darf der Vali einen Nachtisch essen, obwohl er gar nichts zu Mittag gegessen hat? Ich soll immer meinen Teller leer essen, bevor es Nachtisch gibt. Und warum darf der Vali immer auf deinem Schoß sitzen, wenn du vorliest? Wir haben ausgemacht, daß wir abwechseln! Und warum habt ihr alle meine Spielsachen in Valis Zimmer geräumt, ich habe gar nichts mehr in meinem Zimmer?!"
„Das stimmt doch gar nicht! Du hast immer noch einiges in deinem Zimmer. Aber du sollst doch einen Schreibtisch be-

kommen. Wo hätte der denn Platz gehabt, wenn wir das Regal nicht in Valis Zimmer geräumt hätten?"

„Alles sollen wir teilen! Das ist ungerecht! Die Zimmer sollen wir teilen, die Spielsachen, die Bücher, und sogar dich sollen wir teilen. Ich will dich auch mal ganz für mich alleine!"

„Das ist schwierig, Lea."

„Aber du fährst doch auch zur Mia nach Rostock, und dort hat sie dich ganz alleine für sich. Ich will mit."

„Das geht auch nicht, Schätzchen. Ich glaube, die Mia braucht mich jetzt wirklich mal für sich. Wir haben einiges zu besprechen, und du würdest dich bestimmt nur langweilen."

„Siehst du, es geht also doch, daß einer dich alleine für sich haben kann. Und wenn du mit dem Papa weg bist, hat er dich auch ganz allein für sich."

„Das ist doch was ganz anderes."

„Nein, ist es nicht."

„Jetzt sei nicht trotzig."

„Du sagst immer, wenn man will, kann man alles. Wenn du mit mir allein sein willst, dann kannst du das doch auch! Du willst nur nicht. Du hast den Vali sowieso lieber. Der darf sowieso alles. Das ist ungerecht."

„Lea, ich glaube, jetzt reden wir mal von was anderem."

„Jetzt rufe ich die Oma noch mal an."

„Mach' doch gerade, was du willst. Wenn es unbedingt sein muß! Aber rede nicht so lange, das kostet Geld."

„Ihr habt doch eben auch ganz lange geredet. Warum darf ich das nicht? Das ist mal wieder echt ungerecht!"

VIII.

Allegro giosco

Feierabend.
Vater W. fuhr mit seinem Cabrio vor.
Mutter Tine stand auf der Straße und hielt ein Schwätzchen mit der Nachbarin. Die beiden Kleinen suchten Sohn Benjamin, der bei einem Freund war.
Vater W. winkte fröhlich und stellte sein Cabrio in der Garage ab. Er freute sich über das schöne Wetter und auf einen gemütlichen Abend im Garten. Nur schade, daß er zur Zeit kein Bierchen trinken darf. Mit dem Antibiotikum, das er seit einer Woche einnimmt, würde sich das Bier schlecht vertragen, wußte er.
Mutter Tine verabschiedete sich von der Nachbarin und begrüßte ihren Mann. Die beiden Kleinen, zurück von der Suche nach dem großen Bruder, liefen ihrem Vater schreiend entgegen. Aus dem über ihn hereinbrechenden Ansturm von Begrüßungen, Umarmungen, Bitten, Fragen und Küssen entnahm er zu seinem Entsetzen, daß Mutter Tine den Kindern versprochen hatte, Minigolf spielen zu gehen.
„Soll ich ... auch mit?" fragte er zögernd.
„Ja klar", die zwingende Antwort der Gattin, „die Kinder freuen sich schon so!"
Alle Kinder stimmten grölend zu, und Vater W. verabschiedete sich innerlich von seinem ruhigen Abend im Garten.
Wenig später saß die Familie Keller im Auto, und Mutter Tine drosselte sofort das Radio, das Sohn Benjamin beim Einsteigen auf, für ihr Empfinden, maximale Lautstärke gedreht hatte. Vater

W. fuhr los, Mutter Tine beschwor die Kinder, auf der kurzen Fahrt zum Dahner Minigolfplatz nicht zu streiten, da sie ansonsten sofort wieder umdrehen und nach Hause fahren würden.
An der Kasse wurden fünf Minigolfschläger geliehen und drei Bälle, ein roter, ein gelber und ein weißer. Valentin und Lea stritten sofort um die Bälle. Mutter Tine versuchte zu schlichten und regte zum Teilen und Abwechseln an, da es ohnehin mehr Personen seien als Bälle. Warum hatte Vater W. an der Kasse eigentlich gesagt, drei Bälle würden reichen, fragte sie sich in diesem Moment.
Daß Valentin grundsätzlich der Erste sein würde, der sich an den Bahnen versuchen konnte, ergab sich sehr schnell. Lea sollte die Zweite sein, Benjamin der Dritte, dann die Eltern. Vater W. mühte sich geduldig, Valentin und Lea die richtige Schlägerhaltung beizubringen. Benjamin hingegen mußte erst einmal sein Kraftpotential in Einklang mit den Anforderungen der jeweiligen Minigolfbahn bringen, denn meistens flogen die Bälle bei seinen Schlägen in hohem Bogen ins Gebüsch. Mutter Tine bestand jedesmal hartnäckig darauf, daß Benjamin die Bälle auch wieder im Gebüsch suchte, was das Vorankommen erheblich verzögerte. Dafür machte Vater W. einige Bahnen mit einem einzigen Schlag, was Sohn Benjamin wiederum derart verdross, daß er nach kürzester Zeit sogar den Schläger ins Gebüsch schleuderte. Er hatte sich offenbar vorgenommen, seinen Vater beim Minigolf zu besiegen, und fand sich nun viel zu schnell im Hintertreffen.
Das Verhalten des impulsiven Sohnes reizte den geduldigen Vater allerdings enorm, so daß Mutter Tine all ihre Diplomatie aufwenden mußte, um die familiäre Minigolfpartie stimmungsmäßig halbwegs unter Kontrolle zu halten.

Lea bestand auch bei den schwierigsten Bahnen darauf, alle sieben Versuche zu nutzen, wohingegen Valentin meistens mit mindestens einem Ball drei Bahnen weiter sein Glück versuchte. Auch Valentins Bälle landeten von Zeit zu Zeit im Gebüsch. Benjamin mußte dann auch diese suchen, was seine trübe Stimmung keineswegs hob. Das Tragischste für Benjamin jedoch war, daß seine kleine Schwester Lea, die unbeirrt ihr Spiel fortsetzte, einen Ball auf Bahn neun mit einem einzigen Schlag ins Loch brachte und bei einer anderen Bahn nur zwei Schläge benötigte. Er selbst verschlug die Bälle jetzt absichtlich. Vater W. notierte jedesmal sieben Schläge, und da er somit nach kurzer Zeit auch der Schlechteste von allen war, spielte Benjamin ab Bahn elf nicht mehr weiter mit.
Nun jammerte Valentin, er habe Hunger. Doch der gutgemeinte Vorschlag von Vater W., Benjamin möge doch schon mal mit Valentin am Kiosk eine Bratwurst bestellen, da beide ohnehin nicht mehr mitspielen wollten, scheiterte kläglich. Benjamin wollte nicht mehr mitspielen und auch nicht mit Valentin Bratwurst bestellen gehen.
Mutter Tine beschwor Vater W. wieder eindringlich, man dürfe nun auf gar keine Fall das Spiel ganz abbrechen, sonst würde sich Benjamin doch als Sieger fühlen und hätte das erreicht, was er im Spiel nicht erreichen konnte, nämlich den Vater kleinzukriegen. Einsichtig, aber mürrisch spielte Vater W. mit Mutter Tine und Lea weiter bis zum Ende.
Feierabend eben.
Nach eineinhalb Stunden konnten alle Schläger und Bälle wieder abgegeben werden. Es wurden die Punktzahlen addiert und Vater W. erwies sich eindeutig als Sieger. Mutter Tine bestellte am Kiosk nun endlich die Bratwurst und zwei Portionen Pom-

mes, die allerdings unendlich lange brauchten, bis sie fertig waren. Aufgrund der wenigen Besucher heute mußte nämlich die Fritteuse erst einmal angeschaltet werden. In der Zwischenzeit schüttete sich Valentin schon mal zwei kleine Apfelsaftschorle in den Magen, was natürlich dazu führte, daß schließlich nicht die Kinder die Pommes verzehrten, deren Bäuche nun voll von Apfelsaftschorle waren, sondern Mutter Tine, die es nicht übers Herz brachte, die Pommes in den Abfalleimer zu werfen. Dafür hatte sie dann beim Abendessen zu Hause keinen Appetit mehr und bereute es bitter, die Pommes selbst gegessen zu haben, die ihr nun schwer im Magen lagen. Fastfood war an sich gar nicht ihre Sache, aber wo die Pommes nun schon einmal bezahlt waren ...

Benjamins Laune besserte sich rasant, als eine Gruppe von Gleichaltrigen in die Minigolfanlage kam. Vater und Sohn beobachteten die Mädchen der Gruppe und tauschten sich verschwörerisch flüsternd über die jungen Damen aus. Allerdings zeigte sich bei ihrem vertraulichen Männergespräch schnell, daß Vater W. keinen Dunst davon hatte, was heutzutage modern war, fand Sohn Benjamin. Sein Geschmack und Urteilsvermögen unterschied sich deutlich von dem des Vaters. Und nun lachte sogar Benjamin wieder.

Mutter Tine mußte an den bevorstehenden zweiwöchigen Familienurlaub denken und versuchte, die anstrengenden letzten zwei Stunden auf die kommenden zwei Wochen zu übertragen. Sie stellte fest, daß sich ihre Vorfreude auf das jährlich wiederkehrende Urlaubs-Familienglück in sehr überschaubaren Grenzen hielt.

Man machte sich in sehr gelöster Stimmung auf den Nachhauseweg.

Endlich Feierabend, dachte Vater W. und freute sich.
Für heute wenigstens.

IX.

Intermezzo furioso per tutti

„Hallo, ihr Lieben!" grüßt Papa fröhlich. „Ach, da komme ich ja gerade noch rechtzeitig zum Mittagessen. Ich hab's einfach nicht früher geschafft. In der Klinik war mal wieder die Hölle los."
„Ja, mein Schatz, wir haben gerade erst mit dem Essen angefangen." Mama runzelt mitleidig die Stirn. „Soll ich dir gleich was auf den Teller tun? Ach, schau die Post doch nach dem Essen durch. Es ist sowieso nichts Wichtiges dabei."
„Hallo Papa! Schau mal, was die Mama heute gekocht hat!" Lea strahlt übers ganze Gesicht.
„Ja, Lea, das sieht wirklich sehr lecker aus. Da hat die Mama wieder einmal gezaubert."
Papa nimmt seinen Platz am Tisch ein.
„Ich habe der Mama geholfen. Ich habe die Pizza nämlich gemacht."
„Stimmt doch gar nicht, Lea!" protestiert Valentin. „Ich habe die Pizza gemacht."
Mama stöhnt. „Ihr habt beide ganz toll geholfen, okay?"
„Hallo, Großer! Was gibt's Neues in der Schule?" will Papa an Benjamin gewandt wissen.
„Nichts." Benjamin nimmt sich ein weiteres Stück Pizza und schweigt.
„Das ist aber nicht viel", stellt Papa fest und streckt Mama seinen Teller hin.
„Benjamin, ich habe dir doch schon hundertmal gesagt, daß du das Messer nicht ablecken sollst! Es ist immer das gleiche, da …

jetzt schon wieder!" Papa seufzt. „Ich weiß nicht, warum du dir das einfach nicht merken kannst!"
„Kann ich doch", gibt Benjamin lakonisch zurück
„Und warum bitte tust du es dann nicht?"
„Weiß nicht", versetzt Benjamin. „Außerdem pickst du immer mit der Gabel in die Salatschüssel, obwohl man das auch nicht macht."
„Also", hebt Papa an und setzt sich aufrecht hin, „das ist ja wohl was ganz anderes!"
„Und warum?" fragt Benjamin sichtlich gelangweilt.
„Weil ... weil ich schon gelernt habe, wie man sich richtig benimmt im Gegensatz zu dir. Du mußt es erst noch lernen." Papa lehnt sich zurück, Benjamin rollt die Augen und will eben das Messer ablecken, zuckt aber im letzten Moment zurück. Dafür fährt er mit dem Finger über den Teller und leckt den Finger ab.
„Mama, mir schmeckt das Grüne nicht", jammert Lea.
„Ich habe Durst!!!" brüllt Valentin.
„Das ist doch nur ein bißchen Oregano, Lea", erklärt Mama. „Du hast ihn doch selbst im Garten geholt."
„Ich habe Durst! Ich will Mullaminsaft!"
„Mensch Valentin, ich rede doch gerade mit Lea. Außerdem bin ich nicht schwerhörig. Du brauchst nicht immer so zu brüllen, wenn du etwas willst." Mama gießt Valentin ein halbes Glas Saft ein.
„Außerdem heißt das *Multivitaminsaft*, du Baby!" Lea grinst. „Ist doch so, oder Mama?"
„Ich will mehr Saft. Das Glas soll ganz voll sein!" beschwert sich Valentin lautstark.
„Erst, wenn du etwas gegessen hast, gibt's mehr zu trinken. Das ist schon dein drittes Glas."

Mama stellt die Saftflasche extra weit von Valentin weg.
„Ich will aber keine Pizza!" jammert Valentin.
„Und ich mag das Grüne nicht", wiederholt Lea noch einmal.
„Dann geht ihr eben ohne Essen vom Tisch." Mama reißt langsam der Geduldsfaden. „Glaubt ihr, ich koche für jeden was anderes?!"
„Ach, jetzt laß sie doch", schaltet sich Papa ein. „Lea hat doch schon fast alles aufgegessen."
„Aber Valentin hat überhaupt noch nichts gegessen. Noch nicht einmal den Pizzarand, den er unbedingt haben wollte." Mama wird jetzt wirklich ärgerlich.
„Also mir schmeckt's!" Papa nimmt sich noch ein Stück.
„Ich will noch mehr Saft!" insistiert Valentin weiter.
„Nein!" sagt Mama entschlossen. „Nicht bevor du wenigstens den Rand gegessen hast!"
„Nun laß ihn doch!" versucht Papa zu schlichten.
„Aber wenn er jetzt überhaupt nichts ißt, dann bekommt er spätestens in zwei Stunden Hunger und will Kekse oder Süßigkeiten", entgegnet Mama aufgebracht. „Dann futtert er wieder alles durcheinander, was ihm in die Hände kommt, und wenn's ans Abendessen geht, hat er wieder keinen Hunger mehr. Das geht doch endlos so weiter!"
„Also, Valentin", fragt Papa, „möchtest du vielleicht einen Joghurt?"
„Einen Joghurt, ja!" Valentin schaut schon freundlicher.
Papa steht auf und geht an den Kühlschrank. Er stellt Valentin einen Vanillepudding vor die Nase.
„Was soll das denn jetzt?" fragt Mama ungläubig. „Wieso stellst du ihm jetzt einen *Pudding* hin?"
„Damit er überhaupt was ißt. Das ist doch deine Sorge!"

„Ja, aber doch keinen Pudding! Das ist ein *Nachtisch!*"
„Ja und?" fragt Papa verständnislos.
„Das ist ungerecht!" schaltet sich Lea ein. „Ich will auch einen Pudding haben."
„Siehst du, das hast du jetzt davon. Jetzt wollen die anderen nämlich auch gleich Nachtisch essen, und keiner ißt mehr seinen Teller leer!" schnaubt Mama. „Das kommt dabei heraus, wenn man anfängt, solche Ausnahmen einzuführen!"
„Ach, jetzt sieh' das doch nicht so eng", rechtfertigt sich Papa nun auch ziemlich genervt.
„Der Valentin kriegt immer, was er will", wirft Benjamin ein.
„Das stimmt doch gar nicht", stöhnt Papa.
„Doch, der kriegt immer was er will. Muß nur lange genug brüllen."
„Jetzt halt' du dich da raus, Benjamin. Du kannst dir ja auch noch einen Pudding nehmen." Papa schlägt mit der Hand auf den Tisch.
„Ich will überhaupt keinen Pudding. Heiße ja nicht Valentin."
„Ruhe jetzt!" schreit Mama. „Mir reicht's! Von mir aus kann jeder essen, was er will. Vielleicht sagt ihr mir morgens, was ich für wen kochen soll, wenn's recht ist. Für einen Pizza ohne *Grünes*, für den anderen nur Vanillepudding. Ich bin doch kein Gasthaus!"
„Reg' dich doch nicht so auf!" Papa ist jetzt auch beleidigt. „Du kannst das Kind doch nicht zwingen."
„Du hast gut reden!" widerspricht Mama heftigst. „*Du* hast ja nicht den Zirkus den ganzen Nachmittag mit der Esserei. *Du* legst dich gleich aufs Ohr, und dann ist das Thema für *dich* abgehakt. Bleibt doch alles wieder an mir hängen. *Du* mußt auch nicht nachts aufstehen, wenn der junge Mann Hunger hat, mit-

ten in der Nacht, nur weil er mal wieder nichts zu Abend gegessen hat!"
„Oh, jetzt geht die Leier wieder los. Ich kann's nicht mehr hören!" Papa ist jetzt auch zornig. „Also jetzt bin ich wieder der Böse, der alles falsch macht."
„Sag' ich ja gar nicht. Aber du hättest ihm keinen *Pudding* geben sollen. Wenn's wenigstens wirklich ein Joghurt gewesen wäre, das wäre wenigstens gesund gewesen."
„Ach, das ist doch Blödsinn, Haarspalterei! Gesund oder ungesund. Im Pudding ist ja auch Milch drin. Mit deiner ewigen Prinzipienreiterei kommst du doch nicht weiter, merkst du das denn nicht?"
„Ja, offensichtlich", zischt Mama. „Wirklich ein toller Erziehungsstil, wenn die Eltern sich gegenseitig in den Rücken fallen."
„Du bist doch mir in den Rücken gefallen."
„Nein, du mir, indem du ihm den Pudding geholt hast, anstatt *mich* zu unterstützen."
„Ich fand's eben nicht so tragisch."
„Kinder spielen Eltern doch gegeneinander aus, wenn einer A sagt und der andere B", erklärt Mama energisch.
„Ach was! Kinder können sehr wohl damit umgehen, wenn Eltern mal nicht einer Meinung sind."
„Aber so wie gerade eben hast *du* immer den leichteren Part!" beharrt Mama. „Weil du die unangenehmeren Dinge nicht durchzusetzen brauchst."
„Das siehst *du* so!"
„Nein, du erlaubst immer, was ich verbiete."
„Das ist aber dein Problem, wie du dich dabei fühlst. Und wenn du dich dabei schlecht fühlst, dann solltest du mal deine Ver-

bote überprüfen." Für Papa scheint die Sache nun erledigt. Er steht auf, schnappt seine Zeitung und geht nach oben.
Mama beginnt den Tisch abzuräumen. Valentin hat zwischenzeitlich zwei Puddings verzehrt, einen Vanillepudding und einen Schokopudding und spielt zufrieden am Boden Lego.
Lea hat ebenfalls einen Pudding gegessen, und Benjamin hat sich gemächlich von seinem Platz erhoben, von wo aus er gemütlich die bekannte Diskussion verfolgt hat. Als er sich nun einen Pudding holen möchte, ist keiner mehr da.
„Ich habe drei gekauft, für jeden von euch einen", rechtfertigt sich Mama niedergeschlagen.
„Vali, du hast meinen Pudding gegessen!" mault Benjamin.
„Oh Gott, jetzt hört auf!" schreit Mama. „Ich habe genug von dem Thema. Vorhin wolltest du gar keinen Pudding, Benjamin!"
„Der Valentin ist ein Gierhals ..."
„RUHE!!!"
„Vali ist ein Gierhals!" grölt nun auch Lea.
„Stimmt gar nicht", brüllt Valentin von unten. „Ich bin eben kein Gierhals."
„Do-och, weil du zwei Puddings gegessen hast!" triumphiert Benjamin.
„Benjamin, jetzt hör doch auf! Du benimmst dich wie ein Vierjähriger. Jeder verschwindet jetzt auf der Stelle in sein Zimmer. Ich will keinen von euch mehr sehen!" Mama sinkt auf einen Stuhl, den Tränen nahe.
„Das hatte ich sowieso gerade vor", grinst Benjamin und verduftet, seinen Schulranzen hinter sich her die Treppe hinunterschleifend. Auch die Kleinen ziehen ab. Wenn Mama erst mal richtig böse wird, dann gehen alle freiwillig in ihre Zimmer ...

und Mama sitzt noch immer am Tisch in der Küche, alleine nun, und versteht die Welt nicht mehr.

X.

Bagatelle agilmente

„Mama, was heißt eigentlich ‚Lea'? Heißt ‚Lea' *die Starke?*"
„So ganz genau weiß ich gar nicht, was ‚Lea' heißt, mein Liebling", muß ich zugeben.
„Nein, ‚Lea' kann gar nicht *die Starke* heißen, weil ‚Valentin' *der Starke* heißt!" stellt Valentin sofort richtig.
„Mama, was heißt denn dann ‚Lea'? Mein Name muß doch auch etwas bedeuten."
„Hm ... ich habe mal irgendwo gelesen, daß ‚Lea' *die Ermüdete* heißt." Das scheint Lea als Erklärung zu genügen.
„Und was heißt ‚Benjamin'?" will sie jetzt weiter wissen.
„ ‚Benjamin' heißt *der Kleinste, der Jüngste*", erinnere ich mich.
„Komisch, gell Lea, der Benni ist doch schon groß", findet Valentin, „und heißt trotzdem immer *der Kleinste*. Ist doch komisch, oder?"
„Mama, weißt du, was ‚Miriam' heißt?" fragt Lea.
„Nein, auch nicht so ganz genau. Es kommt wohl von dem Namen ‚Maria'. Eine Ableitung davon. Bei der Taufe von Miriam hieß es, es heiße *die Leidende.*"
„Der Name paßt gut zur Mia", meint Valentin beiläufig.
„Und Mama, weißt du, was dein Name bedeutet?" Lea läßt keinen aus.
„ ‚Christine' heißt *die Anhängerin Christi.*"
„Was bedeutet das?"
„*Christin* zu sein bedeutet, an Gott zu glauben", antworte ich.

„Mama, ich finde ‚Christine' paßt gut zu dir", bestätigt Lea.
„Aber ich glaube auch an Gott!"
„Nun, es gibt in der Bibel auch eine Lea, die sehr an Gott glaubte. Die Geschichte müßte ich dir mal vorlesen. Sie würde dir sicherlich gefallen", finde ich.
„Und Mama", fragt Lea unermüdlich weiter, „was heißt ‚Wolfgang'?"
„Keine Ahnung", muß ich zugeben. Hier mußte ich nun endgültig passen.
„‚Wolfgang' heißt *der Alte*", erklärt uns Valentin, ohne von seinem Spiel aufzuschauen.

XI.

Andante maestoso

Eigentlich ist Opa E. ein ganz normaler Opa. Ein Opa wie tausend andere Opas auch.
Heute war Opa E.'s Geburtstag, ein aufregender Tag für alle, denn Opa E. wurde siebzig Jahre alt. Dreiundfünfzig Gäste hatte er eingeladen in eine namhafte Gaststätte in Freiburg, sechsundvierzig Gäste waren erschienen. Sieben Gäste hatten sich ordnungsgemäß entschuldigt. Urlaub oder Krankheit, zwingende Gründe, die sogar für Opa E. als Entschuldigung akzeptabel waren. Unter den Gästen war natürlich auch Familie Keller aus Dahn – sie war termingerecht eingeladen worden und hatte rechtzeitig zugesagt –, Tochter Tine und Schwiegersohn W. mit ihren Kindern Lea, Valentin und Benjamin.
Die Kellers waren auch an diesem Nachmittag die ersten Gäste, und wurden von Opa E. und Oma N. bereits freudig erwartet. Oma N., die nicht nur sich selbst, sondern auch die ganze Familie ständig in Bewegung hält, hatte den Kaffeetisch bereits festlich gedeckt, den Kuchen fertig. Man beschloß, sich sofort zu setzen. Alle hatten Hunger. Das Mittagessen war ausgefallen in Anbetracht Omas außergewöhnlicher Backkünste. Jeder freute sich auf ein leckeres Stückchen Kuchen und eine starke Tasse Kaffee.
Schwiegersohn W. lobte den gelungenen Kirschen-Michel der Schwiegermutter, was bewirkte, daß er ein weiteres, zweites Stück davon auf seinem Teller fand. Tochter Tine ließ es sich ebenfalls schmecken und aß sogar noch die Reste von Leas Tel-

ler, den diese wie ein Schlachtfeld im Schnee zugunsten eines Videos hatte stehenlassen. Lea liebt Sahne und hatte ungeheure Mengen davon auf ihrem Stück Kuchen verteilt, davon allerdings höchstens die Hälfte gegessen. Mutter Tine vertrug die Sahne schlecht, verlangte nach einem Magenbitter und wehrte ein drittes Stück Kuchen heftig ab.
Oma N. jammerte, der Kuchen schmecke morgen sicherlich gar nicht mehr. Sie haßte es, Reste zu haben, aber selbst die mittlerweile eingetroffene Tante B. mit Uroma Emmi und Onkel K. vermochten trotz bestem Willen nicht, den vielgelobten Kirschen-Michel ganz aufzuessen.
Geburtstag eben.
Da die drei Enkel im Laufe des Nachmittags nach Lust und Laune fernsehschauen durften, was die Besuche bei den Großeltern immer zu einem besonderen Highlight machte, beschlossen Mutter Tine und Vater W. mit den Kleinen wenigstens noch einen kleinen Spaziergang zu machen. Opa E. kündigte um 17.00 Uhr an, daß er sich nun zurückziehe, da er sich ja noch umziehen müsse. Um 18.00 Uhr wolle er mit Oma ins Lokal fahren, um letzte Vorbereitungen zu treffen. Keiner verstand, wieso ausgerechnet Opa zum Umziehen eine ganze Stunde veranschlagte, und Oma N. spielte im Hobbykeller mit Benjamin erst einmal ein paar Runden Tischtennis. Sie müsse sich eben noch ein bißchen bewegen, sagte sie.
Unruhig lief Opa E. um Punkt 18.00 Uhr im Wohnzimmer auf und ab. Oma war erwartungsgemäß nicht fertig. In Anbetracht seines Geburtstages verkniff er sich aber eine entsprechende Bemerkung dazu. Als Oma aber dann im Auto noch einfiel, einen Waschkorb aus dem Waschkeller mitzunehmen, um die Geschenke darin heimtransportieren zu können, und noch ein-

mal ausstieg, um einen solchen zu holen, wurde Opa E. doch ungeduldig. Was, wenn die Gäste einträfen und noch nicht einmal die Tischkärtchen auf den Tischen verteilt wären, gab er zu bedenken. Zu allem Überdruss brauchte Opa ausgerechnet heute doppelt so lange wie sonst üblich, um durch den dichten Feierabendverkehr hindurch das Restaurant zu erreichen. Puh, das war wirklich knapp!!! Opa E. sah besorgt auf die Uhr. Ob die Parkplätze auch reichen würden? Ob alle das Lokal finden werden? Hoffentlich würden die Gäste zufrieden sein mit der Sitzordnung. Ach, es war ja so schwierig gewesen, es allen recht zu machen. Ob das Ehepaar Z. sich auch mit dem Ehepaar T. verstehen würde? Sie kennen sich kaum. Aber nur an diesem Tisch war noch Platz gewesen für Ehepaar T. Hoffentlich ist der Musiker pünktlich. Ob die Gäste Lust haben werden zu tanzen? Er würde mit Oma den Anfang machen müssen, das stand fest. Und dann wäre, rein formal, ein Tänzchen mit der ältesten Tochter fällig. Oder erst mit der Schwiegermutter, Uroma Emmi? Dieser Gedanke mißfiel Opa E., und er schob ihn beiseite ... Uroma Emmi war siebenundachtzig Jahre alt.

Die ersten Gäste kamen erstaunlich früh und pünktlich. Honneurs, Glückwünsche, Küsse und Umarmungen, Geplapper und fröhliches Lachen, man kannte sich, seit Jahrzehnten, hatte viel zu erzählen, wie immer. Selbst Tochter U., bekannt für ihr übliches Zuspätkommen, erschien überraschend rechtzeitig mit Ehemann C. und Schwiegermutter D. Wieder Glückwünsche, Küsse, Umarmungen. Die Hitze im Raum nahm zu. Es war Hochsommer. Opa bestand aber auf den Jacketts, der Ordnung wegen, und gab erst nach seiner Einführungsrede die offizielle Genehmigung, daß die Herren sich der warmen Jacketts entledigen durften.

Opa E. hielt eine kurzweilige Begrüßungsrede, in der er alle Anwesenden namentlich und in der Reihenfolge ihres Erscheinens auf seinem Lebensplan vorstellte. Trotz des guten Vorsatzes, keinen dabei vergessen zu wollen, vergaß er ein Ehepaar und die Mutter seines Schwiegersohnes C., was ihm außerordentlich unangenehm war.
Weitere Reden folgten, längere, kürzere, sentimentale, lustige, Gedichte und Erlebnisberichte aus dem langen Leben von und mit Opa E.. Tochter Tine staunte nicht schlecht, denn was sie auf diesem Wege über ihren Vater erfuhr, bereicherte das Bild, das sie von ihrem Vater hatte, erheblich. Gerade die Anekdoten aus seiner Sturm-und-Drang-Zeit fand sie sehr bemerkenswert. Schwester U., verantwortlich für diesen Beitrag, hatte gründlich verschiedenerorts recherchiert und brachte in ihrem Gedicht auf den Vater Unglaubliches ans Tageslicht.
Der Abend war gelungen. Es wurde spät. Schwiegersohn W. tanzte widerwillig, aber dann doch mit zunehmendem Vergnügen Walzer mit seiner Frau, die ihrerseits versuchte, während eines Tänzchens mit dem lebenserfahrenen Vater, diesem das Geheimnis für sein zufriedenes und erfülltes Leben zu entlocken. Schnell stellte sie jedoch fest, daß ihr eigenes Lebenskonzept ein anderes sei, was sie darauf zurückführte, daß Opa E. den Krebs als Tierkreiszeichen habe. Außerdem habe er einen anderen Aszendenten als sie selbst. Sie fragte sich allerdings, ob man auch andere Wege zu solch großer Zufriedenheit und Erfülltheit gehen könne, als den, den ihr Vater offenbar mit viel Erfolg beschritten hatte. Der Erfolg sprach nämlich eindeutig für ihn, stellte sie schließlich neidlos fest.
Weit nach Mitternacht waren alle wieder zu Hause. Die Kinder schliefen friedlich zu dritt in einem großen Bett. Benjamin

schien seine Sache als Babysitter sehr gut gemacht zu haben. Oma und Opa schleppten den Waschkorb mit den Geschenken ins Haus. Gutscheine und Alkoholika. Im Großen und Ganzen. Typische Geschenke für einen Siebzigjährigen, der alles hat. Für Opa eben. Jedenfalls waren Weinkeller und Bar somit für alle zukünftigen Gelegenheiten wieder aufgefüllt. Für ausgewählte, anspruchsvolle Gäste sowie für durstige und weniger anspruchsvolle Gäste mit gutem Zug. Opa E. teilt seine Getränkevorräte in verschiedene Klassen ein. Wein und Spirituosen erster und zweiter Klasse für Gäste erster und zweiter Klasse. Die wahren alkoholischen Besonderheiten bewahrt er allerdings, für niemanden zugänglich, im Keller in seiner privaten Bibliothek auf, und lange Zeit gelang es ihm auch, diese Spezial-Bar vor Oma N.'s Augen geheim zu halten. Er benutzte bei jedem Besuch seiner Geheimbar das gleiche Schnapsglas, was ihn vor Oma N.'s vorwurfsvollen Blicken und Bemerkungen eine Zeitlang schützte und keinen Verdacht aufkommen ließ. Doch Oma kam dahinter. Natürlich! Seitdem muß er wieder zu seinen Schnäpschen stehen. Oma schimpft noch immer, er schnäpselt noch immer. Stellt die gebrauchten Gläschen brav in die Geschirrspülmaschine. Ja, so ist es eben. Auch mit siebzig noch.
Keiner schlief gut in dieser Nacht. Schwiegersohn W., weil er aufgrund der Antibiotikum-Behandlung seines Magens überhaupt keinen Alkohol getrunken hatte, und die übliche, gewohnte Bettschwere sich nicht einstellen wollte. Tochter Tine, die sich zwischen die Kinder gelegt hatte, weil sie die ganze Nacht Angst hatte, Lea oder Valentin könnten aus dem Bett fallen, Oma, weil Opa besonders laut schnarchte, und Opa, weil er stundenlang darüber nachdachte, nach welchem System er sich im Laufe der Woche bei den Gästen für all die Geschenke

bedanken sollte ... ohne dabei jemanden zu vergessen. Peinlich war es ihm im nachhinein, daß er bei seiner Begrüßung doch jemanden vergessen hatte zu nennen.
Es ist eben doch noch kein Meister vom Himmel gefallen!

XII.

Etüde

„Mensch, Benni, hast du auch schon ein Handy?" fragt Oma beim Frühstück am nächsten Morgen.
„Ja klar", antwortet Benjamin überrascht, „hat doch jeder."
Oma pflichtet ihrem Enkel bei: „Stimmt, in der Straßenbahn, in der Fußgängerzone, überall laufen jetzt die jungen Leute herum und telefonieren."
„Das ist wie eine Sucht bei der Jugend", meint Opa.
„Wieso", fragt Benjamin und lehnt sich bequem zurück, „ihr habt doch auch eines."
„Ja, aber wir benutzen es relativ selten. Wer sollte uns denn schon anrufen", sagt Oma.
„Ich rufe damit ja auch niemanden an", gibt Enkel Benjamin zurück, „viel zu teuer!"
„Die verschicken damit nur Kurzmitteilungen an Freundinnen und so", erkläre ich meinen Eltern.
„Oh Mann ja, ich kann's schon manchmal nicht mehr hören. Hab' heute fünf SMS gekriegt, immer von der Gleichen. Mach's, glaub' ich, wie mein Freund. Sag' einfach, ich hätte kein Geld mehr drauf und lass' das Handy aus. Vielleicht gibt sie dann endlich Ruhe!" Benjamin seufzt.
„Was heißt denn eine SMS?" will Opa interessiert wissen.
Ich erkläre: „Short Message System, ... Kurzmitteilung auf Englisch."
„Ah, das haben meine Freundinnen auch", erzählt Oma. „Und

auch Tante B.! Würde mich ja auch mal interessieren, wie das geht."
„Hat doch jeder auf seinem Handy, ihr auch", wirft Benjamin lässig ein.
„Aber ich weiß überhaupt nicht, wie das geht. Ist das das mit dem PIN?" fragt Oma.
„Quatsch", Benjamin schüttelt verständnislos den Kopf über soviel Unwissen.
„Weißt du was, Benni", Oma hat eine glänzende Idee. „Ich hole jetzt mein Handy und du erklärst mir das alles jetzt mal."
Oma kramt ihr Handy aus der Handtasche und kommt an den Frühstückstisch zurück.
„Also, erst gebe ich den PIN ein, ja?"
„Ja logo! Sonst geht ja überhaupt nichts", bestätigt Benjamin, der sich mit einem Mal in einer wichtigen Rolle wiederfindet. Er rückt seinen Stuhl zu Oma und gemeinsam schauen sie gespannt auf das Display ihres Handys.
„Schau, das ist wirklich ganz einfach." Benjamin drückt auf zwei Knöpfe. „Jetzt bist du im Hauptmenü, gehst einfach weiter zum Untermenü, … ,so, jetzt einfach auf den Pfeil nach unten, dann die T9-Funktion, … ach, bei meinem Handy ist das etwas anders. Also, vergiß, was ich gerade gesagt habe. Bei dir ist das noch einfacher als bei mir. Also noch mal von vorne. Erst da, siehst du, … so, jetzt kommt *Kurzmitteilungseingang*, dann gerade mit dem Pfeil weiter runter, jetzt kommt *Kurzmitteilungsausgang*. Jetzt nur bestätigen, so, … jetzt sind wir im Menü *Verfassen*. Das war's quasi schon. Hier, jetzt kannst du was schreiben."
Oma hat sich sichtlich bemüht, dem Enkel bei seinen Ausführungen zu folgen.
„Wir sollten das anhand eines Beispiels machen. Das kann die

Oma sich doch so nie merken", versuche ich meiner hilflos schauenden Mutter an die Seite zu springen.

„Wir schreiben Tante B. eine Kurzmitteilung!" lacht Opa begeistert vom anderen Ende des Frühstückstisches. „*Schläfst du schon wieder? Dein Schwager! Die wird sich wundern ...*" Opa amüsiert sich königlich. Alle lachen.

„Prima Idee", finde ich, „also los!" Stolz beginne ich auf Omas Handy die Kurzmitteilung einzutippen, stolz, die Weihen der Kunst, eine SMS verschicken zu können, schon erhalten zu haben, habe ich doch selbst mittlerweile größtes Vergnügen daran, meiner Freundin auf diesem Wege kurze Nachrichten zu übermitteln.

„Und das ist schon alles?" fragt Oma. „Hat Tante B. es jetzt schon auf ihrem Handy?"

„Nee", stöhnt Benjamin. „Jetzt muß die SMS erst noch *verschickt* werden. Ist ja erst der Text drin. Hast du die Nummer von Tante B.'s Handy?"

„Ach so!" Oma schluckt. „Tante B.'s Handy-Nummer habe ich in der Handtasche. Moment, ich hole sie." Oma kommt mit ihrem Telefonbüchlein wieder. Die Handy-Nummer ihrer Schwester wird eingegeben. Das Handy piepst. *Übertragungsfehler!*
„Was ist denn jetzt los!" fragt Oma verwirrt.

„Das ist doch wohl einfach nichts mehr für unsere Generation", kommentiert Opa schmunzelnd.

„Ist doch alles null Problem", sagt Benjamin gedehnt, „das Handy hat hier drinnen einfach keinen Empfang." Er öffnet die Terrassentür und geht hinaus.

„Seht ihr, das war's schon. Alles erledigt!" Triumphierend schwenkt er das Handy von Oma.

„Und wie lösche ich die SMS jetzt wieder?" will ich nun wissen.
„Ich will die SMS, die ich verfasse, ja nicht alle speichern!"
„Wieso?" fragt Benjamin ungläubig in Anbetracht meiner offenkundig dummen Frage. „Wieso löschen? Das löscht sich doch von selbst!"
„Wo? Wieso von selbst? Ich verstehe das mit dem Löschen einfach nicht", stöhne ich. „Ich habe es schon ein paarmal versucht, aber irgendwie schaffe ich es nie, in das Menü *Löschen* hineinzukommen."
In diesem Moment nimmt Papa mir das Handy aus der Hand. Mit gönnerhafter Miene drückt er sich durch die Menüs des Handys. „Das ist doch *Löschen*", meint er und ist im Begriff, die *Okay-Taste* zu drücken.
„Halt!" schreie ich, „bloß nicht, du löschst ja das ganze Verzeichnis! Du bist im falschen Menü, um ein Haar hättest du das ganze Telefonbuch gelöscht!" Ich reiße ihm das Handy wieder aus der Hand. „Das ist so mühsam, es einzugeben. Beinahe wäre alles weg gewesen!"
„Typisch Papa", seufzt Benjamin und rollt die Augen. „Der hat doch sowieso keinen Plan. Drückt auf ein paar Knöpfen rum und glaubt er kann's!"
„Na, na, na, Junge, pass auf, was du sagst!" wehrt sich Papa.
„Ach was!" Benjamin wird langsam ungeduldig. „Zu Hause steht ein nigelnagelneues Video seit Monaten. Du hast doch null Plan, wie das geht. Immer, wenn die Mia mal aus Rostock da ist, erklärt sie's dir, und hinterher weißt du wieder nicht, wie's funktioniert. Papa und Technik!"
Opa lacht. „Das ist wie bei uns auch. Mit unserem neuen Video ist es genau das gleiche."

„Also, ich kann's jetzt!" protestiert Oma. „Ich habe neulich einen Film damit aufgenommen!"
„Außer daß das Ende gefehlt hat", grinst Opa.
„Das ist doch echt nicht schwer", meint Benjamin, „man muß eben mal in eine Gebrauchsanweisung schauen. Aber das tut unser Herr Vater ja nicht."
In diesem Moment piepst Bennis Handy. „Ach, schon wieder die! ... kapiert's einfach nicht, daß ich nichts von ihr will. Mann oh Mann. Soll doch mit dem F. gehen, der rennt ihr sowieso hinterher." Benni schnappt sein Handy und verschwindet ums Eck. Wir sitzen am Frühstückstisch mit Omas Handy und sind irgendwie alle nicht ganz sicher, ob wir die neue Technik wirklich begriffen haben.

XIII.

Grave per tutti

Nach dem gemeinsamen Frühstück und Benjamins vergeblichen Versuchen, Oma die Geheimnisse eines Handys zu enthüllen, beschließen Opa und Vater W., den alten Schlafzimmerschrank aus Opas ehemaligem Zimmer abzuschlagen, damit es dort in Zukunft mehr Platz und somit die Möglichkeit eines Gästezimmers gibt. Das Zimmer würde ohne den alten Schrank sehr an Helligkeit und Wohnlichkeit gewinnen, darüber sind sich alle sofort einig, und Vater W. beschließt, erst nach dieser schweren Arbeit zu duschen, die aller Voraussicht nach sehr schweißtreibend werden würde.
Omas Begeisterung für diese Aktion hält sich allerdings in Grenzen, muß der gesamte Schrank doch erst einmal ausgeräumt werden, wozu sie eigentlich jetzt gar keine so große Lust hat. Opa sucht im Keller das notwendige Werkzeug zusammen, die uralte, verrostete Säge tut nur mühsam ihren Dienst, und Vater W. schwitzt schon nach wenigen Minuten.
Enkel Benjamin, der eigentlich zum Mithelfen eingeplant worden ist, steht nicht zur Verfügung. Dafür erweist sich Opa als außerordentlich gelehriger Handwerksgehilfe, der sich den fachkundigen Anweisungen des handwerklich so begabten und geschickten Schwiegersohnes respektvoll unterordnet und ehrfurchtsvoll vor so viel Kompetenz auf Instruktionen wartet.
Benjamin fragt Mutter Tine, ob er für eine Stunde „Baywatch in Hawai" schauen dürfe, was diese, in Anbetracht seines gestrigen ausgiebigen Fernsehtages, ihm nicht erlaubt.

Sohnemann widersetzt sich überraschenderweise kaum, und Mutter Tine ist versucht, ihr Verbot noch weiter durch Erklärungen zu untermauern, läßt es dann aber doch angesichts Benjamins schneller Kapitulation. Stattdessen schnappt sich Benjamin den kleinen Bruder Valentin und nimmt ihn mit in den Keller hinunter, wo sich eines der Gästezimmer befindet. Unüberhörbar fangen die beiden sofort an zu raufen und zu toben, und als auch erwartungsgemäß Valentins erster Schmerzensschrei von unten herauftönt, geht Mutter Tine in Richtung Kellertreppe, die Standpauke über das unsinnige und unvernünftige Verhalten der zwei Jungs schon auf den Lippen.

Doch auf der Treppe kommt ihr Benjamin entgegen, kreideweiß, den reglosen Valentin auf dem Arm. Mutter Tine nimmt Benjamin bestürzt ihren Jüngsten ab und rennt schreiend ins Wohnzimmer. Vater W. eilt aus Opas Zimmer herbei und reißt den Kleinen an sich.

„Was ist passiert?" stößt er hervor und schüttelt Valentin.

Benjamin ist inzwischen in Tränen aufgelöst und fällt in Mutter Tines Arme.

„Ich kann nichts dafür!" schluchzt er, „Vali ist einfach umgekippt! Ich kann nichts dafür!"

„Der kippt doch nicht einfach so um!" ruft Vater W. außer sich und klopft auf Valentins weiße Wangen, der noch immer bewußtlos ist.

„Ich kann nichts dafür! Ich hab' das nicht gewollt!" Benjamins Verzweiflung ist grenzenlos. Mutter Tine tröstet Benjamin wortlos und mit zitternden Beinen. Opa und Oma stehen hilflos und voller Entsetzen wie angewurzelt da. Nur Lea bereitet fürsorglich und geistesgegenwärtig auf dem Sofa eine Lagerstätte für den kleinen Bruder. Langsam, ganz langsam fängt Valentin an zu weinen. Erlösende Tränen. Gott sei Dank! Langsam, ganz langsam erklärt sich auch der Vorgang im Keller. Benjamin hat mit einem Hechtsprung eine Rolle vorwärts über das große Gästebett gemacht und Valentin wollte es ihm nachmachen. Mit einem Sprung setzte Valentin zu einem Salto an, bei dem er auf das Genick fiel und sich die gesamte Nackenmuskulatur und Bänder überdehnt hat. Das führte sofort zu einem Schock, einem Trauma, wie Vater W. erklärt. Ein Trauma, das allerdings ebenso gut zum Tode hätte führen können, wenn dabei ... Mutter Tine kann nicht zuhören. Valentin will auf ihren Arm und sie setzt sich mit ihm in einen Sessel. Benjamin wird erneut von einem Weinkrampf geschüttelt und Oma tröstet ihn nun. Gott sei Dank, denkt Mutter Tine, Gott sei Dank macht nun keiner Benjamin Vorwürfe. Obwohl die ungesagten Worte in der Luft liegen, zum Greifen nahe, spricht sie keiner aus. Es reicht schon so. Hingegen macht Mutter Tine sich selbst Vorwürfe. Hätte sie nur Benjamin sein „Baywatch" schauen lassen, so wäre dies nicht passiert! War das mal wieder ein Hinweis für sie, nicht so streng zu sein mit dem Jungen? Mutter Tine ist ganz betreten, schämt sich vor sich selbst. Mein Gott, denkt sie, mein Gott, danke, daß es nichts Schlimmeres ist. Danke ... ich habe verstanden!

Der Kleine ist mittlerweile wieder bei Bewußtsein, aber völlig erschöpft. Der ganze Kopf schmerzt ihn, er will nicht ohne Mama auf das Sofa liegen, das Lea für ihn liebevoll gerichtet hat. Er will sich auch nicht von Lea zudecken lassen, nur von Mama.

„Wollen wir jetzt ein bißchen das Fernsehen anmachen? Das beruhigt vielleicht ein wenig die Gemüter", schlägt Mutter Tine schuldbewußt und reuevoll vor. Alle erholen sich langsam von dem unsagbaren Schrecken, der solch einen Schatten auf das sonnige Wochenende zu werfen gedroht hat. Wieder einmal haben alle etwas dazugelernt, auf dem langen Weg zur Meisterschaft des Lebens.

Opa und Schwiegersohn verziehen sich schweigend wieder ins Schlafzimmer und werkeln weiter am Schrank. Schließlich muß das heute noch über die Bühne. Oma zieht sich in die Küche zurück und will irgendetwas zum Mittagessen vorbereiten. Auch das muß sein.

Mutter Tine und die drei Kinder schauen „Das tapfere Schneiderlein", einen alten DDR-Film, gegen den jetzt noch nicht einmal Benjamin etwas einzuwenden hat. Danach schauen alle einen Dinosaurier-Film, eine weitere Stunde. Schließlich ist auch der Schrank abgeschlagen, Vater W. fix und fertig, verschwitzt und mit Verletzungen an den Händen. Opa diskutiert mit Oma, wann der Sperrmüll frühestens zu erwarten sei, um die Schrankteile, die im Garten zwischengelagert werden müssen, abzuholen. Die Frage bleibt offen, da sich Opa und Oma nicht einig sind.

Vater W. braucht zum Mittagessen ein Glas Wein, nach all der Mühe und dem Schrecken, wie er sagt, sei es mit Mineralwasser nicht getan. Und die Kinder essen Schokolade, die sie von anderen Verwandten im Laufe dieses ereignisreichen Wochenendes in Freiburg geschenkt bekommen haben.

Mutter Tine seufzt resigniert. Stundenlanges Fernsehen und kiloweise Schokolade. Irgendwie scheinen sich die Dinge nie zu ändern, trotz all ihrer gutgemeinten Prinzipien.

XIV.

Intermezzo determinato

„Sag mal, Christine, warum schreibst du das eigentlich alles auf?"
„Hm, ich kann's dir gar nicht so genau sagen", muß ich gestehen.
„Dafür machst du dir aber recht viel Arbeit, dafür, daß du noch nicht mal genau weißt wofür."
„Na ja, so kann man das auch wieder nicht sagen. Wenn ein Maler ein Bild malt, fragt doch auch niemand wofür", versuche ich zu erklären.
„So gesehen hast du natürlich recht", gibt meine Freundin zu.
„Irgendetwas in mir drängt mich, es aufzuschreiben. Einfach, damit es geschrieben steht. In erster Linie natürlich für meine Kinder und meine Familie, aber vielleicht wird ja auch später einmal ein Buch daraus."
„Würdest du das alles denn tatsächlich veröffentlichen?" wundert sich meine Freundin.
„Klar, warum denn nicht?"
„Es steht ja immerhin ganz schön viel sehr Persönliches drin, nicht nur von dir."
„Richtig, das habe ich mir natürlich auch überlegt", gebe ich zu, „aber es ist die Wahrheit, und warum sollte man die Wahrheit nicht veröffentlichen."
„Ist dir das denn nicht peinlich, wenn dann auch Leute, die dich kennen, so viel von dir erfahren?"
„Doch, ein komisches Gefühl ist das schon", meine ich. „Aber ich glaube, man darf nicht immer nur darüber nachdenken, was

andere von einem denken. Was die Leute wirklich denken, erfährst du sowieso nie. Wahrscheinlich kann man kaum etwas wirklich weniger beeinflussen als seinen eigenen Ruf."
„Und dein Mann, was sagt der dazu?"
„Ihm macht es auch nichts aus. Er sieht es wie ich. Wir haben natürlich schon öfters darüber gesprochen, wie es wäre wenn, ... Er ermutigt mich eigentlich eher, an dem Manuskript weiterzuschreiben."
„Also, das würde meiner nie dulden ...", staunt meine Freundin. „Glaubst du denn, daß so ein Buch überhaupt jemand kaufen würde?"
„Warum nicht? Aber das kann ich dir natürlich mit letzter Sicherheit auch nicht sagen", räume ich ein.
„Ein Buch über ein ganz normales Familienleben, glaubst du, das interessiert den Leser von heute?" zweifelt meine Freundin.
„Ich glaube, daß das Buch dadurch sehr interessant wird, daß zwar die beschriebene Familie eine ganz normale Familie ist und es natürlich wahnsinnig viele Bücher über Erziehung und Familien schon gibt, aber die Form des Buches ungewöhnlich ist. In dieser Art habe ich selbst noch kein Buch gesehen. Daß jeder aus seiner Sicht und in seiner eigenen Sprache dazu etwas beiträgt zum Beispiel, das ist schon ungewöhnlich."
„Hm, ja, das ist richtig. Aber der Stoff an sich ist nichts Neues."
„Sehr charmant bist du ja nicht gerade!" schmunzle ich. „Aber als meine beste Freundin darfst du dir so eine Bemerkung erlauben."
„War ja nicht so gemeint!"
„Weiß ich doch!" Ich klopfe ihr auf die Schulter. „Also, ja, der Stoff ist nichts Neues, richtig. Aber es liegt für mich gerade ein Reiz darin, über das völlig Normale zu schreiben. Keine zerrüt-

tete Problemfamilie. Eben einfach darüber, wie es ist! Jede Frau, die Kinder hat oder hatte, wird sich mit der einen oder anderen Situation identifizieren können. Viele Väter vermutlich auch. Jeder, der Teenager hat, wird den Streß mit der Unordnung kennen, und jede Frau, die neben dem Muttersein ein eigenes Ich bewahren möchte, wird die Kämpfe um die eigene Abgrenzung kennen, wenn du manchmal denkst, noch nicht mal auf dem Klo bist du allein."

„Jetzt muß ich wirklich lachen ... wie du das sagst", meine Freundin kichert. „Aber es stimmt. Wenn ich da an früher denke ... Klar, meine beiden Kinder sind groß, da weiß man manchmal gar nicht mehr, wie das früher so war. Aber wo du das jetzt so sagst, ja, so war es wirklich!"

„Siehst du, und deshalb muß es einfach einmal geschrieben werden, das was wirklich ist, was überall ist. Meistens fühlt man sich doch schon getröstet allein dadurch, daß man hört, woanders ist es auch nicht besser, oder? Schließlich ist noch kein Meister vom Himmel gefallen und keine Frau als perfekte Mutter! Wir üben doch alle dauernd und hoffen, so, wie wir's machen, sei es okay."

„Ja, ich glaube, du hast recht. Ich werde es jedenfalls lesen, dein Buch, wenn es fertig ist."

„Du könntest mal mein Manuskript lesen und mir sagen, ob es wirklich interessant ist für Außenstehende. Deine Meinung wäre mir sehr wichtig."

„Oh, das mach' ich gerne. Kann ich's gleich mitnehmen?" fragt meine Freundin begeistert.

„Ja, das kannst du. Wir fahren am Freitag in Urlaub und in dieser Zeit schreibe ich ohnehin nicht weiter daran. Bring es mir dann nach den Ferien, wenn wir uns montags wiedersehen, mit, ja?"

„Mache ich. So, jetzt muß ich aber los. Ich glaube, mein Mann kommt heute früher von der Arbeit und ... ach, du weißt ja wie er ist ... Und danke für den Kaffee, war wie immer nett mit dir. Tschüs, meine Liebe, und einen schönen Urlaub wünsche ich dir ... mit deiner Familie!"
„Danke. Vielleicht gibt's ja nach dem Familienurlaub eine neue Episode! Tschüs, bis Montag in zwei Wochen. Mach's gut!"

Teil 3

I. Mama braucht Ruhe

II. Mama telefoniert mit Miriam

III. Mama will ihre Eltern besser kennenlernen

IV. Mama bekommt ein Geschenk von Lea

V. Mama bekommt ein Geschenk von Valentin

VI. Mama macht sich Sorgen

VII. Mama weint

VIII. Aus Mamas Urlaubstagebuch

IX. Aus Opas Urlaubstagebuch

X. Mama faßt einen Entschluß

I.

Largo divoto

Meistens habe ich noch nicht einmal mehr Lust, am Abend jemanden anzurufen. Überhaupt ist mir das Sprechen oft zuviel. Ich habe das Gefühl, ich spreche den ganzen Tag mit jemandem, auf jemanden ein, über jemanden. Ständig will jemand etwas von mir, daß ich etwas tue, daß ich etwas sage, antworte, denke oder einfach nur zuhöre. Selbst die gutgemeinte Frage meines Mannes, wie es mir gehe, ist mir oft zuviel, weil ich antworten muß, weil man eine Reaktion von mir erwartet und sei es nur eine Gegenfrage. Würde ich einfach nur die Schultern zucken oder gar nichts sagen, käme sofort der Verdacht auf, es sei etwas nicht in Ordnung. Dabei habe ich einfach nur keine Lust zu sprechen.
In der letzten Zeit habe ich mir angewöhnt, nicht mehr zu rufen. Wenn ich selbst von jemandem etwas möchte, gehe ich zu ihm hin und beginne erst dann zu sprechen, wenn ich vor ihm stehe. Ich hasse es, rufen zu müssen, und ich hasse es, wenn eines der Kinder nach mir ruft.
‚Kommt doch her, wenn ihr etwas von mir wollt!' versuche ich ihnen beizubringen, aber es funktioniert nicht so, wie ich es gerne hätte. Und es ruft eigentlich ständig jemand nach mir.
Ruhe ist das magische Zauberwort, das in meinem Alltag so sehr in den Hintergrund getreten ist.
Ruhe, aber nicht nur im akustischen Sinne, sondern Ruhe im Sinne von Stillstand, von Nichtstun, von keinerlei Erwartungen erfüllen müssen.

Das ist noch nicht einmal abends der Fall, wenn die Kinder im Bett sind, denn entweder ruft mich jemand an, oder mein Mann möchte es sich mit mir gemütlich machen, sich mit mir ein bißchen unterhalten, oder es gibt noch ein paar andere Dinge im Haus zu tun, die tagsüber liegengeblieben sind. Einen Brief, eine Formalität erledigen, Urlaubskataloge wälzen, für den nächsten Tag etwas planen oder vorbereiten. Meist läuft Musik. So sehr ich ruhige und meditative Musik schätze, so sehr sehne ich mich aber auch nach absoluter *Ruhe*. Nach gar nichts hören. Nur in der absoluten *Ruhe* kann ich meinen Gedanken nachhängen, können sie fließen, kann ich ganz bei mir sein. Ich habe immer öfters das Gefühl, immer seltener ganz bei mir zu sein.

Morgens, sagt mein Mann, morgens sei ich doch alleine, da sei es doch ruhig im Haus. Ja und Nein. Das ist nicht *die* Ruhe, die ich meine. Um halb neun jeden Morgen kommt Rita. Rita ist zweifelsohne ein Juwel, ohne sie könnte ich mir unseren Alltag gar nicht mehr vorstellen. Rita ist jeden Morgen seit nunmehr sechs Jahren glänzend gelaunt, nie krank, immer fröhlich, frisch, dynamisch und allem gegenüber aufgeschlossen. Rita ist diskret und verschwiegen, und nach all den Jahren haben wir beinahe ein freundschaftliches Verhältnis. Rita weiß ja auch fast alles von mir. Jeden Ehekrach bekommt sie mit, jede Auseinandersetzung mit einem der Kinder, jede Träne. Rita kennt die persönlichen Macken und Schwächen von jedem von uns. Sie kennt jeden Kochtopf, jede Pflanze, jedes Kleidungsstück, sie weiß, was ich gerade lese, wo es mir weh tut, mit wem ich telefoniere, sie kennt meinen Schmuck, meine Eßgewohnheiten, meine Freundinnen, meinen Zyklus. Es hat mich nie gestört. Aber durch die große, stillschweigende Vertrautheit zwischen uns ergibt sich oft man-

cherlei Gespräch, gerade morgens, wenn ich im Stehen den letzten Rest Kaffee trinke, dann erzählen wir ein bißchen, und sei es nur über das heutige Programm oder welche Aufgaben sie für den Tag erwarten. Ich wollte diese Minuten nicht mehr missen, stelle aber fest, wenn ich einmal an einem Morgen wirklich ganz alleine bin, daß ich es auch sehr genieße.
Ich bin so gerne ganz allein. Und so selten!
Ich kann nicht singend durchs Haus laufen oder einmal den Tränen freien Lauf lassen, sei's aus Rührung, Betroffenheit oder Ärger, nein, das tue ich dann eben doch nicht. Ich habe schon immer gerne Selbstgespräche geführt, im Auto und überall. Ich denke oft laut und das hilft mir, mich innerlich zu ordnen, aber all das tue ich nicht, wenn noch jemand im Haus ist und es ist fast immer jemand hier.
Jeder, der mit mir in diesem Haus lebt, ist für mich unersetzbar und unendlich wichtig. Es sind die Menschen, die mir am nächsten sind, die ich liebe, die mich lieben, brauchen und doch ... und doch sehne ich mich so oft nach Zurückgezogenheit, Einsamkeit, Ruhe. Besonders spitzt sich die Situation für mich zu, wenn wir im Urlaub sind oder Besuch übers Wochenende kommt. Feiertag zum Beispiel. Oma und Opa sind da, Miriam kommt aus Rostock, manchmal auch mit Anhang. Keine Schule, kein Kindergarten, alle sind da, um mich herum, vierundzwanzig Stunden lang. Jeder will ein bißchen helfen, meint es gut, trägt einen Teller in die Küche, hilft den Tisch decken. Dabei genieße ich es, Gäste zu haben, ich zelebriere es, koche leidenschaftlich gerne und gut, mache gerne Programm für alle, kann alles organisieren. Und doch ... und doch bräuchte ich hinterher mindestens die gleiche Zahl von Tagen ganz für mich allein. Aber diese Rechnung geht nicht auf.

Das Highlight ist, wenn der Papa sich bereit erklärt, mit den Kindern ins Schwimmbad zu gehen. Da bleiben mir so ungefähr zwei Stunden Zeit für mich alleine. Zwei wertvolle Stunden. Dann setze ich mich aufs Sofa und versuche jeden Gedanken daran, was es jetzt noch schnell zu tun gäbe, bis sie wiederkommen, zu verdrängen. Ich überlege, was ich mit diesen wertvollen zwei Stunden anfangen könnte. Eine Meditationsübung, eine schöne CD hören, ein Nickerchen machen, ein Telefonat unter Ausschluß der Öffentlichkeit führen, lesen, baden, ... ich versuche, in mich hineinzuhören, aber es ist so schwierig unter diesem Zeitdruck eine optimale Entscheidung zu treffen. Jetzt auf der Stelle. So verrinnt manchmal die Zeit, schneller als sonst, und wenn ich Glück habe, konnte ich sie wirklich sinnvoll nutzen. Vielleicht ist dann sogar der Abendbrottisch auch noch gedeckt, wenn meine liebenswerte kleine Meute wiederkommt, und Mama erwartet sie strahlend und entspannt, um nasse Badetücher aufzuhängen, ach, ... Sie kennen das ja, nicht?

Ruhe. Mein Zauberwort, so magisch, so selten, so wertvoll.

Ich habe *Ruhe* morgens im Bad, abends im Bad, bei Autofahrten ohne Mitfahrer, auf der Liegewiese im Freibad, und das war's, im Wesentlichen ...

II.

Adagio con dolore

„Hallo Mia, wie geht's? Wie kommt es, daß du zu dieser Uhrzeit anrufst? Ist irgend etwas nicht in Ordnung?"
„Oh Tine, ich bin so unglücklich! Ich glaube, ich habe mal wieder alles falsch gemacht."
„Wieso? Was ist denn passiert? Erzähl!"
„Ach, es ist wegen dem Wochenende. Das ist total blöd gelaufen."
„Hm, ... was war denn so blöd?"
„Ach, der hat sich so besch... benommen mir gegenüber. Da hat's mir gereicht, und ich habe ihm ganz deutlich die Meinung gesagt. Das hat natürlich Ärger gegeben, und jetzt ist alles aus."
„Und du trauerst ihm nach?"
„Ja, irgendwie schon. Einerseits habe ich ihn irgendwie schon innerlich abgehakt, aber andererseits muß ich dauernd an ihn denken. Da sitzt du hier am Schreibtisch und haust dir Physiologie in den Kopf, probierst es wenigstens, und denkst dabei dauernd an so einen dämlichen Typen."
„Du solltest ihn wirklich abhaken. Ich glaube, der tut dir nicht besonders gut. Und nur wenn du innerlich wieder frei bist, kannst du auch jemand neues kennenlernen. Ich weiß ja, das klingt in so einem Moment echt blöd, aber es ist so, glaub mir!"
„Ja, ich weiß ja, aber es ist so schwierig. Es tut einfach immer noch so weh."
„Kannst du dich nicht ein bißchen ablenken? Abends ausge-

hen, wieder einmal andere Gesichter sehen, amüsieren, einen trinken, mit einer Freundin oder so?"

„Wie soll ich mich denn ablenken können, wenn ich den ganzen Tag lernen muß! Das bißchen Freizeit reicht mir gerade, um mal in den Stall zu fahren und ein bißchen zu reiten."

„Hm, das scheint ja wirklich schwierig zu sein. Ich beneide dich nicht."

„Ja, es ist total schwierig. Die Lernerei und die Angst vor den Prüfungen und jetzt noch das. Das hat mir gerade noch gefehlt. Ich habe ihm noch einen bitterbösen Brief geschrieben am Sonntag und gleich bei ihm daheim eingeworfen. Er hat dann abends noch auf mein Handy geschrieben, wir müßten noch mal miteinander reden. Aber der kann mich jetzt echt mal!"

„Ja, ich denke auch, du solltest auf gar keinen Fall mehr mit ihm reden. Das habt ihr ja schon oft getan, und es kam rein gar nichts dabei heraus. Irgendwann muß man eine Sache wirklich mal abhaken. Ich würde dir dringend davon abraten, mit ihm noch einmal Kontakt aufzunehmen."

„Ja, das will ich ja auch nicht. Der kann mir gestohlen bleiben. Aber irgendwie habe ich immer Pech mit Männern. Ich weiß auch nicht, irgendwas mach' ich falsch."

„Das kannst du jetzt so aber nicht sagen. Immerhin hast du zweieinhalb Jahre Beziehung hinter dir!" befinde ich.

„Ja, ich weiß ja. Ach, ich weiß auch nicht, was mit mir los ist. Es ist einfach alles beschissen ... Was macht ihr eigentlich über Pfingsten?"

„Wieso? Wir haben nichts vor. Lea hat am Samstag ihren Auftritt mit der Ballettschule. Ach, das wird bestimmt sehr schön. Ich freue mich schon darauf!"

„Tine … könntest du mich nicht über Pfingsten besuchen kommen!? …"
„Hm, das ist aber sehr kurzfristig."
„Ich würde mich soooo freuen, und du warst seit zwei Jahren nicht mehr hier oben."
„Ja, stimmt. Ich würde deine Wohnung auch mal gerne sehen, wie du wohnst und so. Aber am Samstag geht es wegen Leas Auftritt auf gar keinen Fall. Wenn überhaupt, könnte ich erst am Sonntag kommen. Und dann müßte ich mindestens bis Dienstag bleiben, damit sich die lange Anreise überhaupt lohnt!"
„Das wäre ganz toll! Ach bitte komm doch!"
„Hm, ja, … da muß ich mal mit Papa reden. Der muß ja schließlich die Kleinen übernehmen, wenn ich fortfahre."
„Ach bitte! …"
„Also, ich bespreche das mal mit Papa. Und dann müßte ich noch einiges organisieren, mit der Rita und so. Und einen Arzttermin verlegen. Ich rufe dich übermorgen an und sage dir Bescheid. Ich werde versuchen, es möglich zu machen, ja?"
„Ja, melde dich bald."
„Tu ich. Ich tue mein Möglichstes, okay? Und jetzt Kopf hoch. Wenn ich komme, machen wir uns eine schöne Zeit. Und bis dahin nicht den Mut verlieren, ja?!"
„Okay, tschüs Tine, grüß die anderen von mir, und gib ihnen ein Küßchen."
„Mach ich, tschüs Mia, bis bald."

III.

Andante con spirito e animato

Ich sitze tatsächlich im Zug nach Rostock, um Miriam zu besuchen. Auf dem Schoß liegt ein Büchlein, das meine Mutter mir zu Ostern geschenkt hat, „Abaelards Liebe" von Luise Rinser. Ein sehr schönes, ergreifendes Buch, in dem ein junger Mann sich auf die Suche nach seinen Eltern macht, die er nicht kennt.
Ich beginne, über meine Eltern nachzudenken.
Es ist merkwürdig. Was weiß ich eigentlich über meine Eltern, frage ich mich.
Sicher, ich weiß, wie ihnen der Urlaub gefallen hat, was sie gerade tun oder noch vorhaben, welche Freunde sie haben und wer zu Besuch bei ihnen war.
Aber habe ich jemals Einblick in ihre Gefühle oder Gedanken bekommen?
Was denkt meine Mutter wirklich?
Was fühlt mein Vater eigentlich?
Wenn ich ihn frage, erzählt er mir vielleicht, wie sein gesundheitlicher Zustand ist, wo es gerade weh tut. Eine Erkältung oder eine Heuschnupfenattacke vielleicht. Aber wir sprechen selten darüber, wie sie sich wirklich fühlen, meine Eltern. Ich kann mir manches erschließen aus dem, was sie tun, weil ich sie schon so lange kenne.
Aber kenne ich sie wirklich? Kenne ich meine Eltern?
Kennen sie mich?
Natürlich kenne ich die Ansichten und Meinungen meines Vaters zu den vielfältigsten Themen des menschlichen Daseins.

Ich weiß, was er liest, wie er malt, was er gerne ißt, ich weiß, was er zu bestimmten Dingen sagen würde, höre seine Stimme im Geiste. Desgleichen bei meiner Mutter. Die meisten Reaktionen kenne ich, ihre Art zu sprechen, zu erzählen, was sie mag, welche Filme sie gerne sieht, und seit neuestem kenne ich sogar einen Teil der Bücher, die sie liest, weil sie mir hin und wieder eines davon schenkt.

Auch sie wissen aus den siebenunddreißig Jahren meines Lebens, wie ich rede, mich kleide, denke, bewege, urteile, lebe und erziehe, auftrete. Sie kennen das, was sie als „typisch" für mich bezeichnen würden. Sie kennen mein Leben auf der phänomenalen Ebene besser als ich ihres.

Wieso erzählen wir uns immer, was wir tun?

Weshalb erzählen wir uns nie, wie wir uns fühlen?

„Wie geht es Dir?" – „Danke, gut."

Wieso fragt man eigentlich noch? Wenn's mal nicht so gut geht, dann tut was weh. Das körperliche Befinden ist aber nur ein Teil dessen, was uns ausmacht. Aber vielleicht wollen sie über anderes nicht reden.

Vielleicht können sie es auch nicht.

Vielleicht haben sie es nie gelernt und auch nie versucht.

Vielleicht haben sie sogar Angst davor.

Ich würde gern so vieles wissen, aber ich wage es nicht, wirklich einzudringen in sie. Ich möchte ihre Grenzen respektieren und doch, und doch brennt es mich, einmal den Schleier ein wenig zu lüften und dahinter zu blicken. Wer eher als die eigenen Kinder sollte dies sonst tun?

Was wissen meine Kinder von mir? Öffne ich mich ihnen?

Vielleicht noch nicht genug. Ich habe es nicht gelernt. Aber ich habe mehr Gelegenheit heute, überhaupt darüber zu sprechen,

weil Gefühle nicht mehr so tabu sind wie früher. Gefühle! Sie sind modern bei den Jungen und gleichermaßen verpönt bei den Alten. Fast peinlich. Was ist es, was sie da hüten wie einen Schatz, den sie selbst kaum wagen auszugraben?
Ich möchte sie nicht bedrängen, ihr Geheimnis nicht lüften. Ich stelle nur traurig fest, daß ich so wenig von ihnen weiß.
Einmal, einmal, da durfte ich einen Blick auf den Schatz meines Vaters werfen, der da lag in Form eines wunderschönen Gedichtes. Es ist ein Gedicht an mich geschrieben, als ich noch ein hilfloser Säugling war und aus der Geborgenheit meiner Wiege zu ihm aufsah, weinend, Halt suchend, schutzlos und verletzbar. Die Gefühle, die er in diesem Augenblick empfand, hielt er in jenem Gedicht fest, von dem ich erst siebenunddreißig Jahre später erfuhr, als er es mir schenkte.
Heute ist dieses Gedicht mein Schatz, den ich hüte.
Aber ich habe diesen Schatz nicht wieder vergraben.
Diese wunderschönen Zeilen hängen an der Wand meines Zimmers, damit sie mich täglich erinnern: An Christine …
Und doch ist dieses Gedicht nur ein Juwel von vielen aus der großen Schatztruhe meines Vaters. Ich ahne Unermeßliches und stelle immer wieder fest, wie wenig ich von ihm weiß.
Und du, liebste Mutter, an was hast du mich teilhaben lassen?
Als du krank warst, sehr krank sogar, wäre ich so gerne ein Stück des Wegs mit dir gegangen. Doch ich durfte nur zuschauen vom Rand des Wegs, dir winken, wie du so tapfer vorbeimarschiert bist.
Ich hätte dich so gerne gestützt, doch du wolltest stark sein und alleine gehen.
Ich wäre so gerne mit dir schwach gewesen, wir hätten es gemeinsam ausprobieren können, einmal schwach zu sein, aber du

hast uns beiden keine Chance gelassen, diese Erfahrung zu machen.
So sind wir beide stark geworden.
Du bist eine starke Frau, genau wie deine Mutter. Und ich bin eine starke Frau, genau wie du es bist. Und doch gibt es die Schwäche in mir, die manchmal ruft und schreit und gar nicht weiß wonach! Es muß auch Schwäche in dir geben, nur, ich weiß nicht wo. Wir haben beide nie gelernt, schwach zu sein. Es zu zeigen, zuzulassen. Der Preis ist hoch, den wir bezahlen für den Erhalt unserer Stärke und dem Bild, das man von uns hat. Die Welt dankt es uns. Starke Frauen sind bequemer als schwache.
Warum habe ich an deiner Schulter nie geweint?
Warum du nie an meiner?
Wann hast du das letzte Mal geweint?
Warum weiß ich nicht, was dich bewegt?
Warum weiß ich so wenig von dir?

An Christine

Wenn über Deine Wangen
Tränen rinnen,
weinen meine Augen,
drinnen im Herzen.
Deine Klage ist auch meine.
Dein Hunger und Schmerz
quälen auch mich.
Und wenn Du nachts erwachst
und einsam bist im Dunkeln,
dann denke: Ich bin es auch,
ich und Deine Mutter.
Aber wenn ich Deine kleine Hand
mit meiner großen umfasse,
dann fühle Dich geborgen,
wie ich es fühle,
und gib, wenn ich einst schwach bin,
diesen Händedruck zurück.

1963   Dein Vater

IV.

Variation 1 appassionata e amorosa

Ich denke über meine eigenen Kinder nach, über mich als Mutter, und dabei fällt mir folgende Begebenheit ein:
Auf dem Nachhauseweg vom Ballettunterricht sagte Lea einmal im Auto zu mir:
„Mama, ich würde so gerne Süßigkeiten verkaufen, Gummibärchen oder so."
Verwundert erwiderte ich: „So, so, verkaufen möchtest du. Wie willst du das denn machen?"
„Wir könnten doch einfach ganz viele Gummibärchen kaufen, und ich würde sie dann an andere Kinder verkaufen", erklärte Lea. „Bonbons gehen natürlich auch!"
Ja, so einfach war das, zumindest für Lea. Ich aber fragte mich, warum meine damals fünf Jahre alte Tochter unbedingt schon Geld verdienen wollte.
„Ich könnte die Süßigkeiten zum Beispiel aus dem Auto heraus verkaufen", schlug sie vor.
„So wie das Eisauto", fiel mir ein, „das im Sommer durch Dahn fährt und Eis verkauft?"
„Ja, ganz genau so!" rief Lea begeistert. „Und damit könnte ich dann Geld verdienen."
„Aber wozu möchtest du denn in deinem Alter schon Geld verdienen, mein Schatz?" fragte ich. „Bekommst du denn nicht alles, was du brauchst und dir wünschst. Möchtest du dir etwas Besonderes davon kaufen?"
Vermutlich hatte sie im Schaufenster des Spielzeuggeschäftes in

Dahn irgend etwas gesehen, wovon sie ausging, daß ich es ihr nicht so ohne weiteres kaufen würde. Schließlich hatte Benjamin ja auch sein eigenes Geld und konnte sich selbst ungefragt davon kaufen, was er wollte. Doch es kam anders.

„Ich möchte dir das Geld dann schenken, Mama", antwortete Lea mit größter Selbstverständlichkeit. „Ich könnte es in ein Säckchen stecken und unter den Weihnachtsbaum legen. Für dich." Ich schwieg bestürzt.

„Damit du dir was Schönes davon kaufen kannst", fügte Lea noch hinzu, „zum Beispiel diesen Ring, den wir im Urlaub im Schaufenster gesehen haben."

Da fiel mir auf einmal alles wieder ein! Ja, letzten Sommer bummelten wir im Urlaub durch den Ferienort Cannobio am Lago Maggiore. Unter anderem blieben wir vor einem Schmuckgeschäft stehen, und ein besonders hübscher Ring fiel mir ins Auge. Lea, als sie merkte, daß der Ring mir gut gefiel, wollte ihn mir unbedingt kaufen bzw. schenken. Damals sagten wir ihr, der Ring sei viel zu teuer, den könne sie nicht einfach kaufen. Und Papa würde ihn jetzt auch nicht einfach kaufen. Mama habe ja noch nicht einmal Geburtstag. Lea war damals sehr traurig gewesen.

Mittlerweile waren wir in der Garage angekommen und ich stellte den Motor ab.

„Lea, das ist wirklich sehr lieb von dir! Ich meine, daß du mir Geld für diesen Ring schenken möchtest."

Ich zwang mich, diesmal nicht achtlos eine jener Floskeln von mir zu geben, die einem gar so schnell über die Lippen kommen, wie *das ist doch nicht nötig* oder *das kannst du doch gar nicht*. Unpassend wäre auch die Aufforderung gewesen, mir statt des Rings etwas zu malen oder zu basteln. Ich spürte und wußte, daß Lea mir mit ihrer Idee ein besonderes Geschenk machen wollte. Ein Geschenk, bei dem sie selbst mitgewirkt haben würde, ein Geschenk, das sie verdient haben würde, durch ihren persönlichen Einsatz. Ich wußte auch, daß darin ihre gesamte Wertschätzung meiner Person ihren Ausdruck fand und war tief berührt.

V.

Variation 2 animata e amorosa

Ein anderes wunderschönes Geschenk erhielt ich während unseres Herbsturlaubs in der Provence vergangenes Jahr. Alle zusammen waren wir auf Besichtigungstour an jenem Tag in Avignon, wo der große und beeindruckende Papstpalast auf dem Programm stand. Die Kinder hatten ohne Murren und mit überraschend viel echtem Interesse mehrere Stunden des Besichtigungsprogramms hinter sich gebracht und waren uns sogar in den Dom noch bereitwillig gefolgt. Schon seit Tagen plagte mich eine starke Entzündung an meinem rechten Mittelfinger, ein sogenannter Umlauf, der mir nachts inzwischen sogar den Schlaf raubte, so sehr pochte es in meinem Finger.
An jenem Tag in Avignon hatte der Schmerz seinen Höhepunkt erreicht. Meinen Finger während der gesamten Dauer des Ausfluges nach oben haltend, damit er nicht so pochte, versuchte ich, möglichst nicht zu jammern, jedoch hatte jeder in der Familie mittlerweile die weiß-gelben Eiterherde unter der Haut gesehen und mit dem nötigen Mitleid quittiert. Wir betraten den Dom und schritten unter ständigem Ermahnen der Kinder, bitte leise zu sein, dem Altar entgegen. Mit der Kindern so eigenen, stillen Ergriffenheit betrachteten sie alles mit großen Augen. In verschiedenen Nischen des Doms und deren Seitenaltären waren Ständer mit Opferkerzen aufgestellt, die auf Kinder stets eine magische Anziehungskraft haben. Eben dahin zog es auch die unseren, verbunden mit dem Wunsch, dort eine Kerze entzünden zu dürfen. Papa spendierte jedem die notwen-

dige Münze, schon um Gebrüll im Dom zu vermeiden, und jedes nahm sich sogleich eine Kerze. Ich erklärte ihnen, daß man sich nun etwas wünschen dürfe, vielleicht einen lang gehegten Herzenswunsch, der möglicherweise in Erfüllung gehen könnte. Man tue dies aber schweigend, mahnte ich, sonst gehe der Wunsch nicht in Erfüllung.
Es überhaupt nicht in Zweifel ziehend, daß Lea und Valentin sich irgendwelches Spielzeug gewünscht hatten, fragte ich meinen Jüngsten, als er andächtig von den Opferkerzen zurücktrat, was er sich denn nun gewünscht habe.
„Ich habe mir gewünscht, daß dein Finger bald wieder gesund wird, Mama", flüsterte er, und in seinen Augen leuchtete das kleine Flämmchen der Opferkerze.

Eltern und Kinder, Kinder und Eltern.
Was für unermeßliche Schätze liegen doch in diesem Verhältnis verborgen und warten nur darauf, gehoben und in Ehren gehalten zu werden.

VI.

Grave agitato

Immer wieder drehe und wende ich den erschreckenden Gedanken in meinem Kopf hin und her, den quälenden Gedanken daran, daß ich schwanger sein könnte! Dann verdränge ich es wieder für einige Stunden, bis sich die Frage wieder zwischen meine Alltagsgedanken drängt: Was wäre, wenn du wirklich noch einmal schwanger wärst? Keine Frage: Es wäre eine Katastrophe!
Irgend etwas stimmt aber nicht mit mir. Irgend etwas ist anders. Es muß ja nicht gleich eine Schwangerschaft sein, manchmal verschiebt sich ein Zyklus eben um ein paar Tage, sage ich mir. Aber warum?
Ich habe keine besonderen Belastungen, keinen Streß, keine Sorgen. Ich habe keinerlei hormonelle Beeinflussung. Warum also nicht pünktlich?
Noch nie in den letzten zwanzig Jahren habe ich den Beweis des Nicht-schwanger-seins so dringend herbeigewünscht wie jetzt. Zwei Fehlgeburten, zwei wundervolle Kinder, zwei wundervolle Stiefkinder. Zehn Jahre lang war ich sicher, daß ich nicht schwanger werden konnte, war optimal geschützt. Dann wollte ich unbedingt ein Kind, und es war auf einmal gar nicht so einfach. Zwei Fehlgeburten innerhalb eines halben Jahres, jedes Mal wieder warten, hoffen, probieren. Alle vier Wochen enttäuschte Hoffnungen, fast vier Jahre lang. Und dann endlich: Lea kam, Lea die Erste! Danach ein Jahr lang keinerlei Verhütung, denn ich wollte unbedingt ein zweites Kind. Dann kam

Valentin, Valentin, der Zweite. Und nach Valentin kam die Spirale. Die Erste. Wieder sicher, vier Jahre lang. Schließlich mußte sie ausgewechselt werden. Ich schob es wochenlang vor mir her und litt dann auch wie ein Hund. Das Herausnehmen der Ersten ist eine Sache. Das Einsetzen der Neuen eine andere. Heulend fuhr ich nach Hause und wünschte, mein Mann würde da sein. Er war da, tröstete mich. Miriam setzte die Kleinen sofort vors Fernsehen. Kein Thema für Kinder. Ich fand die Prozedur absolut entwürdigend und schilderte sie meinem Mann im Detail. Er verstand.

Nie mehr, nie mehr diese Form von mechanischem Eingriff in meinem Unterleib. Es ist, als rissen sie einem etwas heraus und pflanzten etwas Fremdes wieder ein. Der einzige Vorteil: Immerhin wieder sicher für vier Jahre, dachte ich. Und so lange wollte ich nicht mehr an die Spirale, die Zweite, denken.

Doch ich freute mich zu früh. Ich ging aus Angst nicht zur Kontrolle, vier Wochen später. Dann Bauchschmerzen. Es stellte sich heraus: Das Ding war verrutscht, saß nicht mehr richtig, zeigte der Ultraschall drei Monate später. Keine hundertprozentige Sicherheit und Bauchschmerzen. Mich graute. Wieder diese entwürdigende Prozedur. Nein! Alles noch einmal von vorne? Nein!

Was dann?

Wir ließen uns beraten. Doch wieder Hormone?

Doch wieder Hormone, riet mein Mann. Doch wieder Hormone, riet mein Frauenarzt.

Ich konnte mich zu keiner Lösung durchringen. Keine Spirale mehr, keine Hormone mehr, keine Sterilisationen, weder bei ihm noch bei mir. Das war es, was *ich* wollte.

Was dann?

Die falsch sitzende Spirale wurde entfernt. Es gab keine Neue. Schutzlos fuhr ich nach Hause. An der Pinwand hängt das Rezept für die Hormone. Aber ich will keine Hormone mehr in meinem Körper haben. Ich möchte überhaupt nichts in meinem Körper haben, was fremd ist, kein Metall, keine Hormone, nichts, was nicht zu mir gehört, nichts, was mich „verfremdet". Ich brauche auch keine Hormone zu meinem Wohlbefinden, denn ich fühle mich absolut wohl, so wie ich bin.
Was dann?
Gar nichts! So habe ich entschieden. Gar nichts.
In der Apotheke habe ich mir Prospektmaterial über neue, andere, moderne Verhütungsmethoden beschafft, über ein Urin-Analysegerät, das fruchtbare und unfruchtbare Tage ermittelt. Doch es bleibt beim Prospekt. Mein Thermometer hingegen hat eine neue Batterie bekommen und wartet auf seinen Einsatz. Und nun das. Ich warte noch immer. Warum tut sich nichts? Wir haben doch aufgepaßt!
Ich komme mir vor wie ein achtzehnjähriges Mädchen, das weinend seiner Mutter beichtet: Wir haben doch aufgepaßt!
Ich schäme mich vor mir selbst für all die Fälle, in denen ich über andere geurteilt habe, weil sie sich nicht geschützt haben. Das braucht doch heute keinem mehr passieren, höre ich mich sagen. Und das nun mir nach fast zehn Jahren Ehe! Es kann nur an einem einzigen Tag passiert sein. Ein einziger Tag, und ich weiß, das ist genug. Natürlich! Bei dem Gedanken, wieder ganz von vorne anfangen zu müssen, wird mir schlecht. Dicker Bauch, Fruchtwasseruntersuchung – ja oder nein, Geburt, Krankenhaus, Stillen, unruhige Nächte, Pampers, Brei, Laufen lernen, oh Gott, das halte ich nicht aus, nicht mehr jetzt, wo ich mich so freue, aus dem Ärgsten raus zu sein. Freiheiten zu haben.

Und dann?
Wäre alles wieder vorbei! Mir wird schlecht bei dem Gedanken. Was würden die Kinder dazu sagen, was meine Eltern, was meine Freunde, unsere Freunde, was die Leute hier in Dahn? Ich habe, seit ich Valentin habe, gesagt, daß ich absolut kein Kind mehr will. Was werden sie denken, die Leute? Lachen?
Wenn ich in zwei Tagen nicht mehr Klarheit habe, muß ich einen Test machen. Das steht fest. Ansonsten weiß ich gar nichts. Nur daß ich einen Test machen muß. Alles ist offen. Ich warte und hoffe und versuche zu vertrauen. Vertrauen darauf, daß das Richtige geschieht, vertrauen darauf, daß ich annehmen kann, *was auch immer geschieht*. Darum bitte ich Gott. Und nur darum. Der Rest ist Schicksal.

VII.

grave

14.25 Uhr. Ich liege auf meinem Bett und die Tränen laufen mir übers Gesicht. Eigentlich will ich lesen, aber ich bin zu aufgewühlt, um mich auf das Buch zu konzentrieren. Eigentlich sollte Lea jetzt in der Tennishalle stehen, eigentlich trinke ich um diese Zeit stets einen Kaffee mit S. und wir schwätzen ein bißchen, bis das Tennistraining zu Ende ist und unsere beiden Kinder wieder verschwitzt vor uns stehen. Eigentlich tue ich das, wie so vieles mehr, nur Lea zuliebe, jeden Mittwoch von 14.00 bis 15.00 Uhr. Man gewöhnt sich an diese Dinge, an das Warten auf die Kinder, an das Taxispielen für die Kleinen, und sie sind in den Alltag integriert. Doch heute wollte Lea nicht ins Tennistraining, absolut nicht ... und ich, ich habe völlig falsch darauf reagiert, finde ich nun und heule reuevoll in meine Kissen. Rabenmutter!
Eigentlich bin ich nämlich gar nicht sauer auf Lea. Eigentlich bin ich sauer auf mich selbst, weil ich nicht angemessen reagiert habe, und das ist das *eigentlich* Schlimme. Doch was ist schon angemessen?
Lea hat seit neun Monaten Tennisunterricht und es macht ihr auch Spaß, denke ich. Dachte ich. Zum Geburtstag im April hat sie einen eigenen Tennisschläger geschenkt bekommen. Den zweiten Kurs habe ich natürlich auch schon im voraus bezahlen müssen. Aber oft, auch bei anderen Kursen oder Trainingsstunden, wie dem Ballettunterricht oder der Musikschule, ist es sehr schwierig, Lea aus dem Spielen zu Hause herauszu-

reißen, Sachen zusammenzupacken, umzuziehen und rechtzeitig aufzubrechen. Und natürlich habe ich jedesmal ein schlechtes Gefühl dabei.
Ich möchte Lea doch zu nichts zwingen. Es soll ihr Spaß machen, nicht mehr. Das ist und bleibt das Wichtigste. Aber wenn sie sich erst einmal angemeldet hat, sich für einen Kurs oder ein Training entschieden hat, dann, ja dann kann man sie doch nicht ohne weiteres machen lassen, was sie gerade will! Mal hingehen und mal nicht! So ganz nach Lust und Laune? Nein! So kann es auch nicht gehen, finde ich. Doch was tun? Was ist eine angemessene Reaktion, wenn Lea mal nicht will? Es muß ja schließlich eine Entscheidung fallen, hingehen oder nicht hingehen, das ist hier die Frage. Halb hingehen geht nicht. Zwingen, drängen, erpressen, überreden, ... nicht mein Fall. Das Kind machen lassen, nachgeben, die spontanen Bedürfnisse und Wünsche des Kindes respektieren? Widerspricht meiner Vernunft und dem, was ich mir unter sinnvoller Erziehung vorstelle.
In Liebe führen ... das wär's! Aber wie, bitteschön? *Verständnis haben*, aber mit welcher Konsequenz? *Nachgeben* und dann zu Hause bleiben? Wie führe ich in Liebe mit Verständnis und Respekt mein Kind, wenn es gerade nicht will, was es aber sollte? Wenn eine Entscheidung gefällt werden muß, hingehen oder nicht hingehen?
So habe ich erst einmal Valentin in den Kindergarten gefahren, um für mich etwas Zeit zu gewinnen, Zeit und Abstand. Lea habe ich gedrängt, wenn sie schon nicht in den Tennisunterricht wolle, wenigstens ihre Hausaufgaben stattdessen sofort zu machen. Benjamin hat ihr dabei geholfen. Ich liege nun auf meinem Bett und heule, uneins mit mir, nach dem Weg suchend

durch das Gewirr der Argumente, hin- und hergerissen, wild entschlossen, die Kinder von sämtlichen Kursen abzumelden, resigniert erkennend, daß ich es im Grunde einfach nur RICHTIG machen möchte und so oft nicht weiß wie. Ja, ich möchte meine Kinder einfach nur richtig bzw. so richtig es mir möglich ist erziehen. Klingt gut, nicht? Außer daß ich so oft nicht weiß, was eigentlich richtig ist. Das ist das Problem!
Ich blicke auf die Vergangenheit zurück. Auf all die Jahre mit Benjamin und Miriam, bevor Lea und Valentin geboren worden sind. Ich habe mir sehr viel Mühe gegeben und trotzdem so viele Fehler gemacht. Finde ich jedenfalls. Damals dachte ich, es läge daran, daß Miriam und Benni nicht meine leiblichen Kinder sind. Als „echte" Mutter sei es einfacher, dachte ich. Aber es ist nicht einfacher. Es ist überhaupt nicht einfacher. Vielleicht sogar schwieriger. Auch heute ist es mir nicht gelungen, meinen Vorstellungen entsprechend zu handeln. Auch nicht bei meiner Tochter Lea. Das ist es, was mich jetzt so traurig macht. Lernt man denn nie dazu? Lerne ich nie dazu? Was werde ich mir später vorzuwerfen haben? Was werden die Kinder mir später vorhalten? Was wird Lea möglicherweise in meinem Alter über ihre Kindheit denken?
Tennisunterricht schwänzen oder nicht? Eine lächerliche Kleinigkeit? Nur ein Beispiel für eine ganz alltägliche Situation im Umgang mit Kindern? Vielleicht sind es aber auch nur meine eigenen Ansprüche. Die Erwartungen, die ich an mich habe, daß ich alles gut und richtig machen will.
„Wie fühlt es sich an, wenn du mal etwas nicht gut und richtig machst?" würde meine Freundin mich fragen. „Es fühlt sich miserabel an, geradezu unerträglich!" antworte ich ihr im Geiste. „Du mußt lernen, das zuzulassen. Du brauchst nicht perfekt zu

sein", würde sie mich trösten. „Ja, weiß ich doch", würde ich antworten, „aber es gibt einen Teil in mir, der will doch perfekt sein. Der sagt, ich muß es immerhin anstreben, versuchen, alles möglichst gut zu machen." Meine Freundin würde mich mitfühlend ansehen, alles verstehen, alles schon mal erlebt haben, mit dem Kopf nicken. Trotzdem würde ich mich fürchterlich alleine fühlen mit meinem Problem, das vielleicht schon morgen wieder auftaucht, wenn meine Freundin gerade dann nicht neben mir sitzt und mir nicht sagt, wie ich es besser machen könnte.

„Du bist zu verbissen", würde mein Mann sagen, „ich hätte das ganz anders gemacht."

Natürlich hätte er es anders gemacht. Er auch. Der Unterschied ist nur: *Er brauchte es nicht zu machen.* Mein Mann würde nicht verständnisvoll schauen, nicht alles verstehen, nicht mit dem Kopf nicken, aber erlebt hat er offenbar alles auch schon. Jedenfalls tut er so, und deshalb weiß er in solchen Situationen immer, wie er's anders gemacht hätte, meint damit natürlich *besser*, denn ich sei zu verbissen.

„So was hätte es bei mir früher gar nicht gegeben", würde meine Mutter sagen, und vermutlich hat sie vollkommen recht. Befürchte ich. „Du mußt da konsequenter sein, durchgreifen, sonst macht Lea mit dir, was sie will." Wie hilfreich! „Ja, man muß den Kindern schon rechtzeitig beibringen, daß sie an einer Sache, die sie angefangen haben, auch dran bleiben müssen. Kinder können ja nicht alle drei Monate etwas Neues anfangen", würde mein Vater ergänzen. Wie hilfreich!

Meine Schwester hingegen würde verständnisvoll zuhören am Telefon, alles verstehen, es ebenfalls ständig erleben, hörbar mit dem Kopf nicken und lachen, denn irgendwie lacht meine

Schwester immer, selbst über ihre eigenen Probleme. Offenbar hilfreich! Trotzdem würde ich mich fürchterlich allein fühlen mit meinem Problem, das Tausende von Müttern ebenfalls haben, ein Problem, nicht mit dem Kind, sondern mit sich selbst. Das Problem, das in genau einer Woche wieder gelöst werden will. Vielleicht sogar schon morgen, wenn Lea gerade nicht ins Ballett möchte. Donnerstags ist nämlich Ballettunterricht. Vielleicht bin ich in einer Woche aber weiter mit mir selbst. Dies scheint der einzig wahre Silberstreifen am Horizont zu sein.

Na ja, es ist eben doch noch kein Meister vom Himmel gefallen. Die Meisterschaft in der Mutterschaft. Die Übung macht's. Übung macht doch den Meister. Na bitte! ... Nein danke? ... Ach was, probieren wir's einfach weiter. Wir haben ja doch keine andere Wahl, oder?

VIII.

Andante giosco

Tagebuchnotizen, Sommerurlaub 2000:

1. Tag:
Um 11.00 Uhr endlich steigen wir ins Auto. Letzte Instruktionen an Rita, die das Haus hütet, uns nachwinkt. Ich springe nochmals bei der Nachbarin rein. Letzte Instruktionen wegen des Verriegelns unserer Haustüre am Wochenende Die Kinder im Auto sind schon unruhig, sie sitzen seit dreißig Minuten angeschnallt auf ihren Plätzen. Endlich Urlaub, raus aus dem Alltag! Eine letzte Frage an Valentin, ob er nicht noch mal Pipi machen wolle. Erfahrungsgemäß muß er fünf Minuten nach Abfahrt aufs Klo. Valentin verneint und ist durch nichts auf der Welt dazu zu bewegen, das Auto noch einmal zu verlassen. Ich gehe im Geiste alles durch. Habe ich auch nichts vergessen? Ich kontrolliere mein Handy, wir wollen ja erreichbar sein. Die Handy-Nummer klebt an der Mikrowelle, für alle Fälle eben. Ich denke an die Meerschweinchen und die Katzen, an meinen Garten und die Zimmerpflanzen. Waren meine Instruktionen an Rita und die Nachbarin klar und eindeutig genug formuliert? Ich würde mich auf jeden Fall spätestens übermorgen melden, um mal zu hören, ob zu Hause und im Garten alles okay ist. Man weiß ja nie!
Nach zwanzig Kilometern fragt Lea zum ersten Mal wann wir am Ziel seien. Nach dreißig Minuten fragt Valentin, wann wir dort seien. Ich erkläre, daß wir eine außerordentlich lange Fahrt

vor uns hätten, und es sich nicht lohne, ständig zu fragen. Es würde sehr *lange* dauern, betone ich nachdrücklich, um zu vermeiden, daß die beiden im Wechsel alle zehn Minuten fragen, wann wir ankommen werden. Lea und Valentin fragen jetzt stattdessen: „Wie lange noch?" Ich antworte jedesmal das gleiche: „*Lange!*"

Meine Tätigkeiten für die vielen vor uns liegenden Stunden erstrecken sich über das Schlichten von Streitereien, das Einlegen von Kassetten in die Walkmans der Kinder, das Versorgen der Kinder mit Trinken und Essen (geht ca. fünfundzwanzig Minuten nach Abfahrt los!), das Durchführen von Sprachspielen und das Ermahnen der Kleinen, bitte nicht ständig mit ihren Füßen gegen die Rückenlehnen unserer Sitze zu treten. Bis wir das Etappenziel in Burgund am Spätnachmittag erreichen, hat Benjamin zweihundertfünfzigmal mit „echt krass" (das neue Modewort der Pubertierenden) jede unserer Bemerkungen kommentiert. Hinzu kommen hundertmal „krass" von Valentin und ca. fünfundsechzigmal „krass" von Lea. Ich verhänge ein Verbot, dieses Wort für den Rest des Tages noch einmal zu verwenden, was bei den Kindern nur Gelächter zur Folge hat. Ich zweifle an meiner Autorität und halte ihnen statt dessen einen Vortrag über den sinnvollen Gebrauch der deutschen Sprache.

Papa errechnet alle fünfzig Kilometer seine durchschnittliche Reisegeschwindigkeit und erstellt entsprechend ständig alterierende Prognosen über unsere Ankunft in Burgund.

16.07 Uhr: Wir erreichen Brancion. Endlich. Die Kinder denken, wir seien am Ziel. Ich erkläre ihnen zum tausendsten Male, daß wir in Brancion zweimal übernachten und am Sonntag weiterfahren an die Côte d'Azur. Doch sie begreifen nicht. Papa hat vom Meer geredet und hier ist kein Meer. Erste Enttäuschung, jedoch erstaunliches Adaptionsvermögen der Kleinen. Das Hotel ist schnuckelig, der Ort idyllisch, die Landschaft mystisch. Hier könnte ich bleiben. Sagenhaftes Burgund. Wir stehen vor der kleinen mittelalterlichen Kirche von Brancion, weit oben auf einem Hügel, und blicken über das Land. Seine wundersame Ausstrahlung nimmt mich gefangen, ich fühle mich wohl. Die Kinder spüren das gleiche, werden fast andächtig. Wir verweilen lange in der Kirche und lesen die Inschriften der Bodenplatten. Valentin fühlt sich in dem alten ehrwürdigen Gemäuer besonders gut, Lea drängt es eher wieder hinaus ans Licht.

3. Tag:
Gestern war ein wunderbarer Tag. So ganz in meinem Sinne. Viel Kultur, viele Eindrücke, phantastische Stimmungen. Die Kinder haben den ganzen Tag toll mitgemacht. Erst ein Schloss aus dem 16. Jahrhundert mit Führung in Französisch, dann Cluny bei Mittagshitze, anschließend eine Fahrt durch die Region und als Höhepunkt des Tages der spektakuläre Abstieg in die klamme Kälte einer Tropfsteinhöhle (unsere Familie hatte als einzige keine warmen Pullis dabei, und die Kinder hatten ziemlich kalt. Verständnislose Blicke trafen die verantwortungslose Mama, mitleidige Blicke die schnatternden Kinder …). Abends Ausklang des schönen Tages bei einem guten Abendessen mit viel schwerem Burgunder in unserem schnuckeligen Hotel.

Die Fahrt ans Meer heute zieht sich endlos lange hin. Zwischen uns und dem Ziel liegt das Mauren-Gebirge. Wir interpretieren die Wegbeschreibung unseres Schweizer Freundes, dessen Haus wir gemietet haben, falsch und fahren einen zusätzlichen Umweg von einer Stunde. Valentin muß dringend aufs Klo. Papa fährt aber versehentlich am nächsten Parkplatz vorbei. Endlich doch eine Raststätte. Papa will bei der Gelegenheit gleich tanken. Valentin muß jetzt aber nicht mehr Pipi machen. Lea habe das Pipi weggehext, erklärt er. Lea sei nämlich Bibi Bloxberg, die kleine Hexe. Statt dessen will er jetzt Kaugummi. Wir gehen alle der Reihe nach aufs Klo, ich kaufe Kaugummi, kaufe aber nicht das Richtige. Valentin reklamiert sofort. Er wollte Erdbeergeschmack, nicht Minze. Papa tankt.

Stau auf der Küstenstraße durch St. Maxime, aber ein erster Blick aufs Meer versöhnt. Wir verfahren uns noch einmal in unserem Ferienort selbst und erreichen am Spätnachmittag ziemlich erschöpft endlich das Haus.

Das Haus versöhnt für die mühsame Anfahrt. Es hat südfranzösischen Flair, ist aber schweizerisch ordentlich, einfach, aber perfekt. Eine steile Treppe führt von der Straße hinunter zum tiefer, am Hang gelegenen Haus, und das viele Gepäck für uns fünf muß geschleppt werden. Stück für Stück. Mir graut schon jetzt davor, alles wieder hinaufschleppen zu müssen. Dann Diskussion über die Verteilung der Betten. Wer schläft wo mit wem? Jeder will was anderes, hat andere Vorstellungen. Die Kinder wollen bei mir schlafen, Papa auch, Benjamin will alleine schlafen, Valentin dann auch, Lea auf gar keinen Fall mit Valentin. Ich suche nach der sinnvollsten und vernünftigsten Lösung, setze sie durch. Papa und ich richten uns für dreizehn Tage ein, beziehen die Betten, machen uns mit dem Haus und der Küche vertraut, die Kinder spielen Gameboy bzw. streiten, wer damit spielen darf, denn wir haben nur eines dabei, das von Benjamin.

(*Nachtrag: Das sollte die nächsten zwölf Tage so bleiben.*)

Ein Gameboy und drei Kinder! Zu Weihnachten gibt's Gameboys, entscheiden wir, aber das hilft im Moment auch nicht weiter. Ich verspüre wenig Lust dazu, muß aber doch noch etwas kochen, denn meine Lust, noch einmal ins Auto zu steigen, um ein geeignetes Lokal zu finden, ist noch geringer als die, etwas zu kochen. Also koche ich Spaghetti mit Tomatensoße, was sonst! Wenigstens hat an diesem Abendessen heute keiner mehr etwas auszusetzen.

4. Tag:
Der ideale Urlaubsrhythmus ist noch nicht gefunden. Die Kleinen sind viel zu früh wach. Papa und ich haben schlecht geschlafen, warum weiß keiner so genau. Nur einer hat lange und gut geschlafen: Benjamin fällt, als wir schon mit dem frühstükken beinahe fertig sind, auf einen Stuhl auf der Terrasse. Dabei stößt er an den Frühstückstisch und Papas Tee schwappt über. Ein Guten-Morgen ist ihm nur schwer zu entlocken und kaum vernehmbar.
(Nachtrag: Das sollte die nächsten zwölf Tage so bleiben.)
Nach dem Frühstück streiten die Kinder wieder um das Gameboy. Wir überlegen, an welchen Strand wir heute fahren. Papa studiert die Landkarte. Ich packe die Badesachen und los geht's.
Im Wasser befürchte ich, daß ich meine Fingerringe verlieren könnte und gehe zurück an den Platz. Ich will sie sicherheitshalber an meine Halskette hängen. Einer fällt mir aus der Hand, ist sandig. Papa nimmt mir die Ringe aus der Hand, um sie im Meer abzuspülen, dabei spült eine Welle ihm einen der beiden Ringe zwischen den Fingern hindurch und weg. Wir suchen im Wasser, aber der Ring taucht nicht mehr auf. Die

Stimmung ist getrübt, es ist das einzige Schmuckstück gewesen, das ich je von meinen Eltern geschenkt bekommen habe, doch das Schicksal überantwortete es dem Meer. Leider!

(*Nachtrag: Auch alle späteren Versuche, an jenem Strand den Ring wiederzufinden, bleiben erfolglos. Das Meer hat ihn sich genommen. Ich habe noch viel darüber nachgedacht und zumindest eine Erklärung gefunden, welche Bedeutung der Verlust dieses Ringes für mich haben könnte. Mein lieber Mann hingegen blieb untröstlich ...*)

Ich habe mir drei Bücher mitgenommen in der Hoffnung, während eines entspannten Urlaubes am Meer alle drei in Ruhe lesen zu können. Dies erweist sich schon am ersten Tag als äußerst schwieriges Unterfangen. Zwei Zeilen lesen, Schwimmflügel aufpusten, zwei Zeilen lesen, Bademäntel ausschütteln, drei Zeilen lesen, mit Valentin Pipi machen gehen, zwei Zeilen lesen, Lea hat Durst, fünf Zeilen lesen, Valentin hat Hunger, zwei Zeilen lesen, Lea will mit mir ins Wasser, vier Zeilen lesen, Valentin hat Durst, sechs Zeilen lesen, Lea muß Pipi, sieben Zeilen lesen, Lea hat Hunger und Benni erfreulicherweise gleichzeitig(!), drei Zeilen lesen, Abfälle beseitigen gehen, zwei Zeilen lesen, Schwimmflügel ausziehen. Nun gehe ich auch selbst mal zur Toilette und wasche dabei meine Brille ab, auf der sich durch die starke Gischt ein sehr ölig-salzig-schmieriger Film gebildet hat. Der Sonnenschirm wird vom Wind umgepustet, Valentin friert, Lea will wieder mit mir ins Wasser, Papa muß mit Benjamin Beach-Ball spielen, Valentins Hände sind sandig, er kann sein Wurstbrot nicht mehr halten, will Hände waschen im Meer, ich halte das Brot, bis er die Hände im Meer abgespült hat. Doch Valentin findet es mittlerweile viel interessanter, Benni und Papa beim

Beach-Ball-Spielen zuzuschauen, ich sitze am Platz mit Valentins Wurstbrotresten in der Hand, die ich schließlich selbst aufesse. Ich möchte wieder zu lesen anfangen, aber der Wind und die Gischt sind so stark geworden, daß ich schon wieder durch meine Brille nichts mehr sehe. Papa will aber ganz vorne am Wasser sitzen, um die Kinder gut im Blick zu haben. Weiter hinten wäre die Gischt nicht so stark, aber ... Ich kann Wind ohnehin nicht leiden, aber hier verdirbt er mir nun den ganzen Urlaub. Die Seiten meines Buches flattern. Meine Laune sinkt von Minute zu Minute. Ich bemerke, daß hier vorne, direkt am Wasser, kein Mensch eine Sonnenbrille trägt. Klar, kein Wunder, man sieht nach kürzester Zeit einfach nichts mehr. Also kann ich nun auch nicht mehr lesen, noch nicht mal zeilenweise, denn ohne Brille geht bei mit gar nichts. Gestraft fürs Leben und das im Urlaub! Den restlichen Nachmittag beschränke ich mich auf das Management der Kühltasche und Schwimmflügel, und zwar jetzt ohne Unterbrechung.
(Nachtrag: Und das würde die nächsten zwölf Tage so bleiben.)
Gegen 17.30 Uhr gehen wir zum Auto zurück. Alle haben riesig Hunger. Wir quälen uns durch einen hoffnungslos von einkaufenden Campingurlaubern überfüllten Supermarkt und machen Großeinkauf für eine Woche für fünf Personen. Wir kaufen mehr ein als ich jemals in Dahn vor einem großen Familientreffen einkaufen würde, denn jeder möchte etwas anderes. Valentin geht beinahe verloren, doch sein Geschrei ist noch größer als der Geräuschpegel im Supermarkt und er wird wieder gefunden. Im Auto schläft er auf der Stelle ein. Er wacht erst wieder auf, als das gemeinsame Abendessen auf der Terrasse beendet ist, topfit und mit einem Bärenhunger natürlich!
(Nachtrag: Auch das würde die nächsten zwölf Tage so bleiben.)

Gott sei Dank haben wir auch reichlich Wein gekauft, und nach einem kalten Martini während dem Zwiebelschneiden und einer halben Flasche Wein beim Essen ist meine Stimmung wieder gestiegen. Valentin bekommt die Reste aufgewärmt und zum krönenden Abschluß des Tages gibt es noch eine Familienrunde Boule im Garten. Zum Duschen komme ich erst kurz vor dem Schlafengehen. Genußvoll spüle ich die Salzkruste ab, endlich.
Um 23.00 Uhr sind die Kinder im Bett, endlich. Ich krieche unter das Moskitonetz und schnappe mein Buch. Sand rieselt heraus. Ich lese mehrere Seiten am Stück. Da ruft Valentin noch einmal. Ich raffe auf, krieche unter dem Moskitonetz heraus. Er muß Pipi ... Klar, was sonst? Eigentlich habe ich ihn vor dem Schlafengehen auf die Toilette setzen wollen, doch das hat er verweigert. Lea hat noch Durst. Ich taste mich im Dunkeln in die Küche und hole ein Glas Wasser. Licht anmachen geht nicht wegen der Moskitos. Ich küsse jedes Kind noch einmal, sage noch einmal „Gute Nacht", krieche wieder in mein Bett unter dem Moskitonetz hindurch, mache das Licht aus und versuche zu schlafen. Ich bin müde, erschöpft wie nach einem arbeitsreichen Tag und habe doch das Gefühl, den ganzen Tag überhaupt nichts getan zu haben.
(*Nachtrag: Und das würde die nächsten zwölf Tage so bleiben.*)

13. Tag:
So, wie der erste Tag am Meer verlief, so reihten sich noch viele weitere aneinander, die ähnlich waren, weswegen ich auch nicht jeden einzelnen Tag mehr schriftlich festgehalten habe. Meine Bücher habe ich doch gelesen. Es blieb auch nicht jeden Tag ganz so windig wie am ersten Tag. Wir haben verschiedene

Strände ausprobiert und sind immer mal wieder an den Strand zurückgekehrt, an welchem mein Ring im Meer versunken ist. Wir haben St. Tropez besucht und einen sehr schönen Ausflug ins Mauren-Gebirge gemacht. Mein Reiseführer „Magisch Reisen – Frankreich" hat uns zu einer abgelegenen Kartause geführt, die wir gemeinsam besichtigt haben und die uns alle sehr beeindrucken konnte. Dort, in einer kleinen Felsenkapelle, habe ich ein paar Minuten ganz für mich allein gehabt, die mir unendlich gut getan haben. Die Stille dieses Ortes, seine spürbare Energie, das stand für uns alle im krassen Gegensatz zu den überfüllten und lauten Stränden der Küste.

Erfreulicherweise hat es hauptsächlich französische Touristen hier, Deutsch hört man kaum. Der Rhythmus der Kinder hat sich eingependelt. Sie gehen spät ins Bett und schlafen dafür etwas länger am Morgen. Immerhin das. Wir haben mit den Kindern einen sogenannten Luna-Park (Jahrmarkt) besucht, zweimal sogar. Papa fuhr mit Benjamin Achterbahn, ich mit Lea Geisterbahn. Den Rest der beiden Abende standen wir uns die Beine in den Bauch und sahen den Kindern zu, um sie am Ende unter größten Protesten und völlig übermüdet nach Hause zu schleppen. Fazit: Kinder sind nie zufrieden. Kinder wollen immer mehr. Egal was du tust, es ist nie genug!

Genug habe ich allerdings vom Anblick all der nackten Brüste am Strand. „Oben ohne", immer noch der Renner bei den Frauen ab vierzig. Junge Mädchen, die sich's leisten könnten, tragen Bikini und sehen darin knackig aus. Die reife Frau stellt ihre Reife zur Schau, über die Motive grüble ich seit unserer Ankunft. Meine Sache ist das nicht, aber es gibt wenigstens viel zu schauen am Strand und viel zu reden für Papa und mich.

Aber nun habe ich genug vom Anblick der rotverbrannten Brüste reifer Frauen, wohin du nur schaust.
Ein Familienurlaub geht zu Ende. Ein netter Familienurlaub, wie ihn Hunderte von anderen Familien ebenso verbringen. Wir sind eine von Hunderten von Familien, die mit Kindern genau so Urlaub machen. Das tröstet. Am Stand wimmelt es ja auch nur so von Kindern, Kühltaschen, Schwimmringen und Sandspielsachen. Es ist okay und ich mache meinen Frieden damit. Zu Hause wartet der Alltag, und auch das ist okay. Aber das nächste Jahr würde ich lieber woandershin. Nur, ob es dann auch wirklich anders wird? ...

IX.

Reprise

„Ja, ja, Familienurlaub eben", schmunzelt Opa E., als wir, wieder zu Hause, von Südfrankreich erzählen und Urlaubsfotos anschauen.
„Dazu möchte ich euch etwas vorlesen, was mir vor kurzem wieder in die Hände fiel."
Opa verschwindet in seinem Arbeitszimmer. Wenig später setzt er sich in seinen Sessel und liest uns von zwei ziemlich vergilbten, mit Schreibmaschine beschriebenen Blättern vor:
„Im Juli 1965, da haben wir Urlaub gemacht in Arma di Taggia, in Italien. Du warst knapp drei Jahre alt, Christine, weißt du noch?" Ich weiß natürlich nichts mehr, finde es dafür aber um so spannender, etwas von damals zu erfahren.

„Also", liest Opa vor, *„meine Frau wurde von einem Italiener zu einer Bootsfahrt eingeladen. Das hat ihr Spaß gemacht. Mir auch. Sollte einmal ein anderer ihr schöne Augen machen, Händchen halten und mit Hingabe ‚O sole mio' oder ‚Santa Lucia' singen. Ein Deutscher wie ich ist neben einem Italiener in Sachen Amore sowieso ein hoffnungsloser Stümper.*
Ich bin nicht mehr eifersüchtig. Das ist längst vorbei, und wenn dieser Giuseppe – so heißen alle Italiener – meiner Frau unbedingt den Hof machen will, mag er es tun, so dachte ich.
Arma di Taggia ist ein kleiner Ort an der Riviera und die Gäste des Hotels, in dem wir wohnten, saßen verstreut in allen Bars und Ristorantes. Berenike war also in guter Obhut, wurde beobachtet. Ich

konnte daher in meinem Liegestuhl in aller Ruhe vor mich hindösen und das junge Mädchen auf dem bunten Badetuch etwas interessierter beobachten, als ich es hätte tun können, wenn Berenike bei mir geblieben wäre. Weiße italienische Haut, ein großer schwarzer Hut, rotblondes Haar und ein Mund wie Sofia Loren.
Ich nahm den Taschen-Langenscheidt und bereitete mich sorgfältig auf eine Konversation vor. Da hatte meine zweieinhalbjährige Tochter Christine plötzlich das Spielen am Strand satt, trippelte zu mir und fragte:
‚Bleiben wir noch lange im Urlaub?'
‚Ja', sagte ich, ‚noch zwei Wochen. Geh wieder an den Strand und nimm deinen Eimer mit.'
Sie trabte wieder ans Wasser und ließ ihre Plastikente schwimmen. Endlich, dachte ich, endlich hat sie das mit dem Urlaub begriffen. Als wir noch zu Hause waren und sie auf dem Töpfchen ihr Geschäft verrichten sollte, sagten Berenike und ich oft: ‚Wenn du nicht artig bist, darfst du nicht mit in den Urlaub fahren!'
Dann wandte ich mich wieder der Schönen vor mir auf dem Badetuch zu und versuchte, meinen Wortschatz etwas zu erweitern. Als ich mir schließlich ein Herz faßte und mit dem Satz auf den Lippen ‚Finden Sie, Signorina, das Wetter auch so heiß?' auf sie zuging, lachte sie schallend mit ihrem Loren-Mund und machte ihre Nachbarin vergnügt auf meine Tochter aufmerksam, die nackt am Strand stand.
‚Wo hast du deine Badehose, Christine!' rief ich verärgert.
‚Ich habe sie in den Urlaub geworfen, Papi', gab sie zurück – und draußen auf den Wellen schwamm die Hoffnung, Christine habe wieder ein abstraktes Wort begriffen!"

Opa macht eine Pause und wir lachen alle. Das mit dem abstrakten Denken, das klappe aber heute deutlich besser bei mir, finden alle. Ich frage Opa, ob ich diese Episode aus unserer gemeinsamen Vergangenheit in meinem „Rondo familioso" verwenden dürfe, an dem ich gerade schreibe. Die Familien-Sommerurlaube mit ihren ganz spezifischen Themen scheinen auch vor fünfunddreißig Jahren nicht anders gewesen zu sein wie letztlich doch so vieles andere auch. Das ist einerseits sehr tröstlich, andererseits schwimmt nun meine Hoffnung, daß es bei uns nächstes Jahr im Urlaub wirklich *anders* würde, auf den Wellen der Illusion sachte hinaus aufs offene Meer. Manches scheine ich doch noch immer nicht begriffen zu haben!

X.

Coda determinato

Ich überlege zum hundertsten Mal, ob ich das sechste Kapitel wieder streiche.
Es ist mir peinlich, wirklich peinlich, jetzt im nachhinein, da ich weiß, daß ich nicht schwanger bin. Man hörte die Steine aus meinem und meines Mannes Herzen laut auf die weißen Fliesen des Badbodens fallen, als nur ein roter Strich auf dem Schwangerschaftsteststreifen erschien, der eindeutige Beweis dafür, daß keine Schwangerschaft vorliegt. Vorbei!
Und heute, rückblickend auf diese Tage und Stunden, kommt mir alles schon wieder so lächerlich vor. Die Gefühle, die Gedanken, die Panik, die Scham.
Soll ich das sechste Kapitel streichen?
Doch dann frage ich mich, warum eigentlich? In diesem Buch möchte ich das festhalten, was wirklich ist. Und genau so, wie ich es in jener Stunde aufgeschrieben habe, genau so war es auch. Selbst wenn es jetzt nicht mehr so ist, so ist es doch einmal so gewesen! Warum also jenes Kapitel streichen?
Wenn ich es jetzt streiche, stehe ich nicht zu meinen Gedanken und Gefühlen, nicht zu mir selbst.
Auch wenn jetzt schon wieder alles anders ist. So schnell können sich die Dinge eben ändern.
„Alles fließt", sagt Heraklit. Alles ist ständige Veränderung. Was heute noch gilt, mag morgen schon anders sein, was früher galt, ist heute nicht mehr aktuell. Alles fließt, sage auch ich.
Stimmungen, Gefühle, Gedanken, Meinungen, alles kommt

und geht. Immer und überall. Damals und heute. Jetzt und in alle Ewigkeit.
Was gilt dann überhaupt?
Es gilt einzig und allein die Gegenwart. Das, was jetzt gerade ist, ist. Und nichts anderes. Was kann ich mit Sicherheit sagen? Nur, daß ich in genau diesem Moment vor dem Computer sitze, Rückenschmerzen habe und diese Zeilen schreibe. Ich weiß noch nicht einmal, was in der nächsten halben Stunde geschehen wird. Ich habe nur die Gegenwart des jeweiligen Wortes, das ich gerade tippe. Ich weiß ebensowenig, ob ich diesen Satz beenden kann, noch, ob nicht gleich ein Kind neben mir steht und heult, weil es sich verletzt hat.
Es gibt eine Zukunft, ja, aber wir kennen noch nicht einmal die ersten Minuten davon.
Es gibt auch eine Vergangenheit, ja, aber schon der Moment, in dem ich den Computer vorhin angeschaltet habe, ist Vergangenheit.
Die Zeit fließt vorbei wie das Wasser eines Baches. Es ist niemals wieder das gleiche, das selbe Wasser, obwohl es oft so täuschend gleich aussieht. Und so ist auch niemals die Zeit die gleiche, sobald sie erst einmal verronnen ist.
Alles fließt. Vorbei.
Was uns bleibt, ist die Gegenwart. Das „Carpe Diem". Oder noch weniger: das Jetzt. Das Im-Moment. Der Augenblick. Nicht mehr.
Und weil wir das alle immer wieder lernen und erfahren müssen, deshalb macht nur Übung den wahren Meister. Denn ... es ist noch kein Meister vom Himmel gefallen! Oder, was meinen Sie?

Teil 4

I. Ein Märchen

II. Die Wirklichkeit

III. Es ist noch immer kein Meister vom Himmel gefallen

IV. Das Sextett

V. Meisterschaft

I.

Fantasie misterioso

So ganz langsam darf, ja *muß* dieses Buch zu einem Ende kommen. Es soll ausklingen. Und was gehört in einen Schluß? Ich meine *in* einen Schluß, nicht etwa *an* einen Schluß. In einen Schluß gehört ein Ausklang, die Auflösung der Themen, im Film etwa das Happy-End, im Krimi die Lösung des Falles, im Märchen der Sieg des Guten. Und weil ich fest daran glaube, daß das Gute wirklich immer siegt, möchte ich im letzten Teil nun ein Märchen erzählen:

Es war einmal eine Mutter, die hatte vier Kinder. Mit ihrem Mann, den Kindern und ein paar Tieren lebte sie in einem schönen großen Haus auf dem Lande. Jeden Morgen zur gleichen Zeit kam die Haushälterin, die den größten Teil der Hausarbeit für die Mutter übernahm und seit Jahren pflichtbewußt und zuverlässig ihren Dienst im Hause der Familie erledigte.
Der Mann sorgte für ein gutes Auskommen, so daß die Mutter getrost ihren vielseitigen Interessen nachgehen konnte und ein schönes Leben führte.
So kam es, daß kurz vor ihrem achtunddreißigsten Geburtstag eine Freundin sie fragte, was sie sich denn wünsche. Die Mutter antwortete:
„Ach, weißt du, liebste Freundin, ich wünsche mir eigentlich nur eines, und das ist RUHE."
Die Freundin, die verstand, nickte. Dieses Wunsches wollte sie sich annehmen.

Die ganze Nacht sann sie darüber nach, wie sie diesen Wunsch erfüllen könnte, und dann hatte sie auf einmal eine Idee. Am nächsten Morgen fuhr sie in die Stadt und besorgte sich leere Kassetten. Die Hülle einer Kassette gestaltete sie mit Motiven aus der Natur, dann legte sie die immer noch unbespielte, leere Kassette in die Hülle zurück.

Als der Geburtstag gekommen war, überreichte die Freundin der Mutter das kleine Geschenk mit den Worten:

„Liebste Freundin, ich hoffe, daß ich dir mit diesem Geschenk deinen Wunsch nach Ruhe erfüllen kann."

Bereits am darauffolgenden Abend hatte die Mutter sich beeilt, die Kinder möglichst früh ins Bett zu bringen, und, da der Mann an jenem Abend seine Herrenrunde besuchte, versprach sie sich einen ruhigen und erholsamen Abend mit jenem vielversprechenden Geschenk. Sie legte die Kassette in den Kassettenrecorder im Wohnzimmer und ging auf die gemütliche Galerie hinauf. Dort legte sie sich auf eines der zwei Sofas, schloß die Augen und lauschte.

Zunächst glaubte sie gar nichts zu hören und sie befürchtete schon, die Lautstärke am Gerät sei zu leise eingestellt. Doch dann, dann drangen die ersten Töne leise, ganz leise an ihr Ohr. Töne, wie sie sie noch niemals in dieser Weise wahrgenommen hatte. Töne, die sie jedoch erinnerten, Töne, die sie zu kennen glaubte, Töne, die sie unendlich beruhigten. Da war das Knistern eines Feuers, von dem sie sich auf wundersame Weise gewärmt fühlte, da war das Pfeifen des Windes, der so nah war, als fegte er um ihr eigenes Haus, da war das Prasseln von Regentropfen, die unaufhörlich auf das Dach ihres Hauses zu fallen schienen und sie in eine eigentümliche Entspannung versetzten. Schließlich war es ihr, als hörte sie ganz in der Ferne das Blöken von Schafen, und vor ihrem geistigen Auge sah sie den Schäfer, der die Herde vor der hereinbrechenden Nacht zusammentrieb.

Wie wunderbar war das! Wie ruhig, wie entspannend. Auf welch gelungene Weise sich die vier Elemente Feuer, Wasser, Luft und Erde in ihrem Inneren ineinander und miteinander verwoben. Es klang so natürlich, so gewöhnlich und doch so wunderbar. Ein tiefes Glück breitete sich in ihr aus, während sie sich immer weiter von dieser einzigartigen Stimmung entführen ließ. Ihren Mann, der mittlerweile nach Hause gekommen war, nahm sie nicht wahr. Erst seine Begrüßung riß sie aus ihrer seligen Vertiefung:
„Guten Abend, liebste Frau", rief er fröhlich. „Wo steckst du denn?"
„Wie kannst du mich so erschrecken!" fuhr die Mutter ihn an.
„Pscht! ... Ich höre gerade eine ganz phantastische, neue Kassette, hör nur!"
„Ich kann nichts hören", entgegnete der Mann und lauschte angestrengt in den Raum hinein.
„Da hast du wohl wieder einmal ein Bier zuviel getrunken", beschwerte sich da die Mutter. „Du mußt eben richtig hinhören."
„Ich habe nur ein einziges Bier getrunken", empörte sich der Mann, „und höre übrigens sehr gut. Ich glaube vielmehr, du träumst!"
„Pscht! So sei doch endlich leise!" stöhnte die Mutter. „Du zerstörst mir noch die ganze Stimmung."
Der Mann schüttelte verständnislos den Kopf und wollte nach dem Feuer im Kamin schauen gehen. Das Wetter draußen war sehr unwirtlich geworden, und er wollte einen großen Scheit Holz für die Nacht auflegen. Er zog die verrußte Glasscheibe vor dem Kamin nach oben und schob ein ordentliches Stück Holz hinein. Die Funken stoben auseinander, und das Feuer begann erneut zu lodern.
„Sag mir, Mann, warum machst du die Kassette denn jetzt lauter? Die Lautstärke war genau richtig, so wie sie war!" rief die Mutter von der Galerie herunter.
Der Mann schaute verwundert nach oben, konnte seine Frau aber

nicht sehen, da sie noch immer auf dem Sofa lag. Behutsam zog er die Glasscheibe wieder herunter. Dann schritt er zur Terrassentür, um, wie üblich nach dem Feuern, kurz zu lüften und den ausgetretenen Rauch aus dem Wohnzimmer hinauszulassen.

„Sag mir, Mann, wieso drehst du denn schon wieder lauter? Es ist nicht nötig, der Wind war wunderbar zu hören!" rief die Mutter ungehalten von der Galerie herunter.

Sachte schloß der Mann die Terrassentür. Da sah er die Kassettenhülle auf dem Tisch liegen. Er nahm sie hoch und betrachtete sie aufmerksam im gedämpften Licht. Dann drückte er auf einen Knopf an der Stereoanlage und die Kassette fuhr heraus. Er besah sie, legte sie wieder ein, drückte erneut auf START und lauschte. Um ganz sicher zu gehen, drehte er die Lautstärke bis zum Anschlag auf und wieder zurück.

Schließlich stieg er leise zu seiner Frau auf die Galerie hinauf und nahm auf dem anderen Sofa Platz.

„Liebste Frau, sag mir doch, woher hast du diese sonderbare Kassette?"

„Ich habe meiner Freundin gesagt, ich wünschte mir nichts anderes als RUHE zum Geburtstag, und da hat sie diese zauberhafte Kassette für mich gefunden", erklärte die Mutter.

„Phänomenal", entfuhr es dem Mann, „diese Idee könnte von mir sein."

„Ach Mann, was weißt du schon von Ruhe. Du kommst nach Hause und drehst als erstes und gänzlich ungefragt die Kassette lauter, die ich mir aufgelegt habe", beklagte sich die Mutter.

„Einfach phänomenal", staunte der Mann und streckte sich ebenfalls auf dem zweiten Sofa aus. Auch in ihm breitete sich nun eine angenehme Ruhe aus und er fragte sich, was seine Frau wohl das nächste Mal hören mochte, wenn sie sich wieder mit diesem wundersamen Geschenk einen ruhigen Abend machen würde.

Ach, ... das war ja gar kein richtiges Märchen, oder? Das war ja doch nur wieder Realität, Alltag eben. Das kennen wir doch schon!
Aber, was macht denn dann ein Märchen aus? Lea würde vermutlich sagen, im Märchen gibt es immer eine Prinzessin. Versuchen wir's also noch einmal mit dem Märchenerzählen, aber diesmal mit Prinzessin:

„Sagt mir, lieber Vater, warum habe ich drei Großmütter?"
Mit ernster Miene zog der Vater sein Töchterlein zu sich auf die Bank.
„Nun, meine kleine Prinzessin", begann er, „du hast in der Tat mehr Großeltern als andere Kinder. Ich wußte, daß du mich das irgendwann einmal fragen würdest."
„Ja, lieber Vater, ich möchte es wirklich zu gerne wissen, haben doch die anderen Kinder nur zwei Großmütter. Kannst du es mir erklären?" fragte die kleine Prinzessin.
„So höre, mein Kind, ich will es dir erzählen", seufzte der Vater.
„Vor vielen Jahren, als du und dein jüngerer Bruder noch nicht geboren waren, war ich mit einer anderen Frau verheiratet. Wir hatten zusammen zwei Kinder, deine beiden älteren Geschwister, und lebten hier in dieser Stadt glücklich und zufrieden. Eines Tages jedoch erfuhren wir, daß diese, meine erste Frau, unheilbar krank war. Es begann eine schreckliche Zeit für uns alle vier, die viel Leid und Schmerz über uns brachte. Schließlich mußte meine erste Frau sterben, Gott hatte sie sehr früh zu sich gerufen, und keiner auf der Welt hatte dies verhindern können. So war ich auf einmal ganz alleine mit

den beiden Kindern in dem großen Haus und wußte wirklich nicht mehr ein noch aus."

"Wie alt war mein älterer Bruder, als seine Mutter starb?" fragte die kleine Prinzessin.

"Er war ebenso alt wie dein jüngerer Bruder heute", antwortete der Vater.

"Und wie alt war meine ältere Schwester damals?" fragte die kleine Prinzessin weiter.

"Sie war ebenso alt wie dein älterer Bruder heute", antwortete der Vater wieder.

"Das ist ja seltsam!" rief die kleine Prinzessin. "Und was geschah dann?"

"Dann, ja dann lernte ich deine Mutter kennen. Wir liebten uns auf den ersten Blick und wußten, daß wir das Leben zusammen verbringen wollten. Deine Mutter zog zu uns und sorgte für uns, denn ich mußte ja weiterhin arbeiten gehen und konnte mich nicht um den Haushalt kümmern. Die Kinder mochten sie und sie konnte die beiden auch gleich gut leiden. So waren wir wieder fast eine richtige Familie. Deine Mutter wollte aber auch eigene Kinder haben, und so freuten wir vier uns über alle Maßen, als du, kleine Prinzessin, nach einigen Jahren endlich in unsere Familie kamst. Nun waren wir wirklich eine richtige Familie, unser Blut hatte sich durchmischt. Du warst das fehlende Bindeglied zwischen uns allen, du hast uns für immer und ewig verbunden. Doch deine Mutter wünschte sich noch ein zweites Kind. Auch dieser Wunsch sollte sich für sie schon bald erfüllen, denn dein jüngerer Bruder kam kaum zwei Jahre nach dir zur Welt. Mit ihm vollendete sich unsere Familie. Mein Blut fließt in den Adern von vier Kindern, zwei Jungen und zwei Mädchen. Es gibt aber zwei Mütter, und da jede der Mütter wiederum Eltern hat, gibt es drei Großväter und drei Großmütter."

„Das ist ja wie im Märchen!" rief die kleine Prinzessin begeistert.
„Ja, es ist wie im Märchen", bestätigte der Vater lächelnd.
„Dann ist meine Mutter also eine echte Stiefmutter", wunderte sich die kleine Prinzessin, fügte dann aber verwundert hinzu:
„Im Märchen ist die Stiefmutter immer böse und schickt ihre Stiefkinder in den dunklen Wald."
„Nein, das hat deine Mutter nicht getan. Sie ist eine besonders gute Stiefmutter", sagte der Vater.
„Vater, dann hast du zwei Frauen geliebt in deinem Leben, ist das möglich?"
„Es ist möglich, liebes Kind, zweimal zu lieben. Jede Frau auf eine andere Weise", erwiderte der Vater.
„Unser Märchen ist wirklich ein schönes Märchen, Vater. Ich möchte niemals daraus erwachen", seufzte die kleine Prinzessin. „Und wenn ich groß bin, dann warte ich auf meinen Prinzen, der mich auf sein Schloß mitnimmt, und dann geht das Märchen immer weiter."
„Ja", lachte der Vater, „so wird es sein! Du darfst nur selbst die Märchenwelt nie verlassen. Hat man sie erst einmal verlassen, so ist es fast unmöglich, dahin zurückzufinden, kleines Töchterlein. Und nun geh in den Garten und spiele ein wenig mit deiner goldenen Kugel. Paß nur schön auf, daß sie dir nicht in den Teich fällt."
„Ja, liebster Vater, das will ich tun. Sie ist doch mein liebstes Spielzeug! Nur sag mir noch eines, Vater, es gibt doch in jedem Märchen auch eine Hexe oder eine böse Fee?!"
Der Vater runzelte ernst die Stirn. „Ja, Prinzessin, die gibt es in jedem Märchen."

Das war schon besser, finde ich!
Lea und Valentin hat dieses Märchen sehr gut gefallen. Und uns Großen gefällt es auch immer wieder, jedesmal, wenn es er-

zählt wird. Dieses Märchen hat übrigens anderen Märchen gegenüber eine große Besonderheit: Es hat eigentlich gar kein Ende. Es ist endlos. Es dauert ebenso lange, wie wir bereit sind, darin zu leben. Man muß nur aufpassen, daß man sich nicht selbst hinausschmeißt. Lea wartet auf ihren Märchenprinzen, Miriam träumt von ihm. Doch was macht das schon für einen Unterschied. Im Märchen kommt er irgendwann, so oder so. Ich habe meinen Traumprinzen jedenfalls gefunden, der Traumprinz, der heute Vater oder König ist, so sieht es Valentin. Der ehemalige Traumprinz, der heute zu ALDI geht, um Spezial-Sonderangebote am Wühltisch zu ergattern, die FAZ ließt, um sich täglich wiederkehrend über die gleichen Themen aufzuregen, auf dem Sofa liegt und seine Bauchschmerzen beklagt und von besseren Zeiten träumt. Dieser Traumprinz ist heute wirklich König, meistens freilich, ohne es zu merken.
Und die Königin? Vergißt es manchmal auch, daß sie Königin ist. Doch ... im Grunde weiß sie es, und sie kann sich immer wieder daran erinnern. Sie braucht ja nur in ihren Spiegel zu sehen. „Spieglein, Spieglein an der Wand, Lea hält ihn in der Hand, hält ihn mir vor mein Gesicht, Mama, Mama siehst du nicht?!"

II.

Coda

Ein halbes Jahr später:

Und wieder sitze ich im Zug nach Rostock, um Miriam zu besuchen. Sie hat Geburtstag. Diesmal jedoch geht es ihr so richtig gut. Unsere Älteste hat ihren Traumprinzen doch noch gefunden. Groß, blond, blauäugig, unglaublich süß und lieb soll er sein, einfach unwiderstehlich. So sind Traumprinzen eben. Immer. Eine Zeitlang wenigstens.
Ich habe sogleich gefragt, ob ich unter diesen Umständen überhaupt nach Rostock kommen solle. Es wäre ja durchaus denkbar, daß sie die Zeit lieber mit ihrem Prinzen verbringt. Doch das hat sie sofort weit von sich gewiesen. Ich solle kommen, sagte sie, unbedingt. Ich solle den Traumprinzen kennenlernen, schwärmte sie, und außerdem ihr neues Domizil.
Nein, ein Traumschloß ist es wahrlich noch nicht. Aber immerhin hat sie mit ihrer Freundin eine schöne und geräumige Zweizimmerwohnung im Erdgeschoß gefunden, die es Kater Merlin zukünftig sogar ermöglicht, ins Freie zu können. Man teilt fortan Küche und Bad, Katze, Lebensmittel, Freuden, Sorgen und Zeit. Traumprinz und Traumpferd „Tänzer" allerdings werden nicht geteilt. Irgendwo ist schließlich eine Grenze. Freund und Pferd fallen nicht dem studentischen Sozialismus zum Opfer.
Auch auf dieser Zugfahrt lese ich ein Buch, das meine Mutter mir geschenkt hat, „Die profanen Stunden des Glücks" von Re-

nate Feyl. Wieder ein Buch, das die Geschichte einer starken Frau erzählt, einer Schriftstellerin des 18. Jahrhunderts. Mein Mann hat mich zum Bahnhof in Mannheim gebracht und ist dann selbst weitergefahren zu einer Fortbildung nach Stuttgart. Wenn ich um 22.00 Uhr Rostock erreichen werde, wird auch mein Mann wieder von Stuttgart zu Hause sein. Doch vor mir liegen noch einige Stunden und viele hundert Kilometer. Draußen ist es mittlerweile schon stockdunkel, mitten in der Nacht, erscheint es mir. November eben. Die Gegend, durch die der ICE rast, muß dünn besiedelt sein, kein einziges Licht ist draußen zu sehen. Die Scheibe spiegelt mir nur mein eigenes Gesicht im hell erleuchteten Zugabteil. Immer wieder schaue ich auf die Uhr. Kurz vor sieben. Um sieben Uhr möchte ich zu Hause anrufen, um mich zu vergewissern, daß dort alles in Ordnung ist. Rita soll die Kinder ins Bett bringen und bleiben, bis mein Mann von Stuttgart zurückkommt.

Da plötzlich bremst der ICE und kommt völlig unerwartet zum Stehen. Der Zugführer teilt über die Lautsprecher mit, daß ein Signalfehler aufgetreten sei, der erst überprüft werden müsse. Es bedürfe der Rückbestätigung und Freigabe der Strecke durch das zuständige Stellwerk, ohne die der ICE nicht weiterfahren dürfe. Und dies müsse sogar schriftlich erfolgen, tönt die monotone Stimme des Zugführers durchs Abteil. Das freundliche Personal der Bundesbahn stünde den Reisenden gerne für Auskünfte zur Verfügung. Es kam aber keiner.

Ich hoffe, daß die Unterbrechung nur von kurzer Dauer sein wird, denn ich habe in Hamburg nur wenige Minuten zum Umsteigen. Der Interregio nach Rostock fährt auf einem anderen Bahnsteig ab. Ich greife zum Handy und wähle unsere Telefonnummer. Benjamin nimmt ab. Lea und Valentin sind soeben von einer Geburtstagsparty nach Hause gebracht worden, Rita ist auch da. Okay! Lea will mich noch sprechen. Okay! Doch Lea kann kaum reden. Ich höre nur ein ersticktes Schluchzen. Sie vermisse mich, ich will sie trösten, wann ich wiederkomme, Samstag abend, erneut heftiges Schluchzen, das Handy knackt, ich denke, die Verbindung ist unterbrochen. So ist es nicht. Lea weint bitterlich, ich versuche, sie zu beruhigen, sage, daß ich ganz bestimmt wiederkomme. Lea sagt, sie habe das Gefühl, daß ich nie mehr wiederkomme. Mir wird ganz anders zumute. Ich versuche, sie zu beruhigen, halte die Hand vors Handy, die anderen Fahrgäste hören jedes Wort, da der Zug noch immer steht.

Mein Gegenüber erzählt den mitreisenden Geschäftspartnern, wie sich einmal jemand vor einen Zug geworfen habe, in dem er gerade saß. Alle lachen.

Lea bringt nur unter größter Mühe weiterhin ihre besorgniserregenden Befürchtungen heraus, weint, schluchzt, ich käme nie mehr nach Hause. Nein, mein Schatz, Lea, hör doch mal, ich ...

Funkloch ... Verbindung weg, jetzt wirklich. Der Zug rollt wieder. 15 Minuten Verspätung. Der Zugführer hat irgend etwas über die Anschlußverbindungen durchgesagt, was ich aber durch Leas Schluchzen nicht gehört habe. Ich fühle mich ganz elend. Lea hat mir den Abschied in Dahn schon nicht leicht gemacht. Sie hat geweint wie schon lange nicht mehr, wollte mich absolut nicht weglassen. Als ich in ihr Zimmer ging, um mich von ihr zu verabschieden, saß sie auf ihrem Schrank und weigerte sich, herunterzukommen.

Mein Mann ließ mich auch nicht gerne weg, Lea weint, Miriam freut sich sehr. Die andere Lösung wäre gewesen: Mein Mann

und Lea freuen sich, daß ich zu Hause bleibe und Miriam ist enttäuscht. Und wenn ich am Samstag in Rostock wieder abfahre, dann gibt es sicherlich auch wieder Tränen. Irgend jemand in der Familie weint immer, finde ich.
Der ICE rast mit 260 km/h durchs Land. Leas Äußerungen machen mir Angst. Auf einmal rücken alle Zugunglücke, von denen ich je gehört habe, in greifbare Nähe, drängen aus der Vergangenheit in die Realität dieses stockdunklen Abends. Ich empfinde ein hoffnungsloses Ausgeliefertsein in diesem rasenden Giganten und schließe die Augen.
Was mache ich, wenn ich den Anschluß in Hamburg wirklich verpasse? Ein Weiterkommen gibt es dann an diesem Abend nicht mehr. Ein Hotel am Bahnhof. Morgen früh den ersten Zug nach Rostock. Wenn Benjamin seine große Schwester dort einmal besuchen möchte, wie würde er mit solch einer Situation fertig werden? Ich entscheide, das sei zu schwierig für ihn. Der große und unübersichtliche Hamburger Hauptbahnhof, der Zeitdruck, nein, das kommt überhaupt nicht in Frage, dazu ist er noch viel zu jung. Was, wenn er dann mutterseelenallein und verloren auf dem Hamburger Hauptbahnhof stünde, sich nicht zu helfen wüßte?
Und was tue ich, wenn der Anschlußzug weg ist?
Draußen ist immer noch nichts zu sehen. Ich höre noch immer Leas Schluchzen. Das mit dem Loslassen, das ist so eine Sache. Wer muß eigentlich loslassen, Lea mich oder ich sie? Und dann merke ich, daß ich eigentlich gar nicht mehr so aufgeregt bin. Ich sitze da, spüre und weiß, daß ich ohnehin nichts tun kann außer abzuwarten, weiß, daß es immer Lösungen gibt, spüre Vertrauen durch mich fließen und bin einfach nur da.

III.

Reprise

Ich liebe Märchen.
Sie haben sich niemals zugetragen, doch sie sind immer wahr.

Auch Benjamin hat inzwischen einschlägige Erfahrungen gemacht. Zwei Wochen war er in den Herbstferien mit Freunden und deren Söhnen auf einer Trauminsel in einem Traumhotel. Es war zweifelsohne ein Traumurlaub. Wenigstens bestätigte sich meine Befürchtung, daß unsere Freunde nun auch die Traumeltern seien, nicht. Als er wiederkam, brachte er auch dieses Mal für alle Daheimgebliebenen ein Geschenk mit, sogar für den Papa. Ein besonders königliches Präsent.
Braungebrannt kam er wieder, gutaussehend und erstaunlich männlich. Drei Tage später war der erste Brief von S. im Briefkasten. Benjamin verschwand sofort für Stunden in seinem Zimmer. Eine Urlaubsbekanntschaft, wie er sagt. Selbst, wenn es noch nicht die Traumprinzessin ist, so scheint dieser Urlaub doch Dinge ausgelöst zu haben, die aus einem großen Buben fast einen jungen Mann gemacht zu haben scheinen. Prinz Benjamin reift heran, unübersehbar und unaufhaltsam, auf dem besten Weg, in Bälde ein Traumprinz zu werden. Und dann, dann träumt ein anderes Mädchen von ihrem Traumprinzen namens Benjamin, und die Laune der Geschichte entscheidet, ob ein weiteres Märchen daraus wird.

Ja, ich weiß, was Sie nun denken, lieber Leser!

Kitschig. Vielleicht auch: Übertrieben, romantisierend, unrealistisch. Vielleicht seufzen oder stöhnen Sie auch nur, finden meine Ausführungen abwegig oder verklärt.
In einem Punkt haben Sie vollkommen recht. In dem Punkt, daß die Realität, die Wirklichkeit, unsere Wirklichkeit nämlich, faktisch und tatsächlich keine andere ist als vor einem halben Jahr.
Lea findet noch immer alles ungerecht, besonders die scheinbare Bevorzugung ihres jüngeren Bruders. Nur, daß heute sogar noch die vermeintlichen Ungerechtigkeiten des Schulalltags hinzukommen, die Lea seit ihrer Einschulung tagtäglich mit der Auseinandersetzung hinsichtlich ihres eigenen Gerechtigkeitsempfindens konfrontieren.
Ja, und Valentin schikaniert noch immer die ganze Familie, hauptsächlich mich, mit seinem Geschrei, seinem Zorn, seiner Forderung nach unmittelbarer Bedürfnisbefriedigung, seiner Fähigkeit, innerhalb kürzester Zeit das ganze Wohnzimmer in eine geheimnisvolle Höhle zu verwandeln.
An Benjamins nicht vorhandenem Ordnungssinn hat sich auch noch nichts geändert, ebensowenig an seinem Bedürfnis nach leichtverdaulicher Unterhaltung über Computerspiele und Fernsehen, seiner Schusseligkeit und Bequemlichkeit. Nur, daß mittlerweile auch noch ein selbst erstandenes Handy hinzugekommen ist, mit dem er jetzt mehr oder weniger den ganzen Tag Kurzmitteilungen hin- und herschickt, mit Ausnahme beim Essen, wo ich es mir verboten habe.
Und Miriam? Miriam ist im Moment glücklich. Ob sie zufrieden ist, weiß ich nicht. Vielleicht ist man in diesem Alter einfach nie richtig zufrieden. Vielleicht ist das sogar der Motor, der Antrieb, der uns in jungen Jahren der Erfüllung unserer Träume

entgegenarbeiten läßt. Ich nehme an, daß, sobald die rosaroten Wolken erst wieder etwas verblassen und der Beziehungsalltag Einzug hält, Pferd „Tänzer" nicht so will, wie sie will, und das gefürchtete Physikum vor der Türe steht, dann, ja dann wird es wieder eine Reihe von Telefonaten geben, wie Sie solche ja in diesem Buch schon kennengelernt haben.

Natürlich setzen auch mein Mann und ich unser Beziehungsspiel uneingeschränkt fort. Mein Bedürfnis nach Ruhe und Zurückgezogenheit ist unverändert Mittelpunkt meiner Bestrebungen, meine nagenden Zweifel, ob ich mit den Kindern alles richtig mache, mein schlechtes Gewissen bei Zornausbrüchen, mein oft nervendes Hinterfragen von allem und jedem, auch das ist und bleibt Realität. Realität, wie die Diskussionen darüber, wer von uns beiden die Kinder ins Bett bringt, wer vorliest und was Valentin essen darf und was nicht.

Genau so ist es noch immer. Meisterschaft haben wir höchstens im Diskutieren über diese Dinge erlangt!

Was sich allerdings während der Niederschrift des „Rondo familioso" bei mir geändert hat, ist die nüchterne Erkenntnis, daß es nicht so sehr darum geht, was wirklich *ist*, sondern eher darum, daß *das* wirklich ist, was wir sehen und leben. Bei der Wahl also, ob ich mein Leben nun als trostlosen Alltag mit all den damit verbundenen Problemen einer Mutter und Ehefrau mit vier Kindern sehen möchte oder lieber als Märchen, habe ich mich für das Märchen entschieden.

IV.

Finale unisono

„Hm, jetzt soll ich auch noch was zum Abschluß sagen! Bin ja nur froh, daß die Tine dieses komische Buch endlich fertigkriegt, man konnte ja kaum mehr was sagen, ohne daß man nicht Angst haben mußte, sie schreibt es auf! Also ... ja, irgendwie finde ich es aber auch irre, daß es ein Buch von uns geben soll. Ich lese nämlich gerade das ‚Tagebuch der Anne Frank'. Das ist echt ein cooles Buch, hätte ich gar nicht gedacht, als die Tine es mir zum Lesen gegeben hat. Und das ist ja auch eine wahre Geschichte. Was die damals erlebt hat in meinem Alter, das ist schon echt brutal. Dieser Hitler ist wirklich ein gemeines Schwein. Was der mit den Juden gemacht hat, Mann, das kann man kaum glauben. Und freiwillig Vokabeln und unregelmäßige Verben in Französisch hat die Anne Frank gelernt, weil sie sonst in diesem Keller nichts anderes machen konnte. Die durften ja nicht mal rausgehen, weil sie sich versteckt halten mußten. Da geht's uns echt richtig gut heute, muß ich schon sagen. Na ja, jedenfalls finde ich die Idee mit dem ‚Rondo familioso' gar nicht mehr so blöd wie am Anfang. Vielleicht liest später auch mal jemand unsere Geschichte und findet sie dann auch so cool. Ob das später immer noch so ist, daß man's Eltern nie recht macht? Erst hält sie mir dauernd Predigten, daß Lesen so wichtig sei, und wenn ich nicht mehr vernünftige Bücher lesen würde, würde meine Deutschnote auch nie besser, meint sie. Und wenn du dann mal ein Buch echt cool findest und liest, dann regt sie sich gleich auf, weil du nicht auf der Stelle zum Essen hochrennst.

Okay, okay, sie winkt ab. Das will sie jetzt nicht mehr aufschreiben.
Und was soll ich sonst noch sagen?
Also, ich verdufte jetzt mal nach unten und haue mich aufs Bett. Muß unbedingt wissen, wie das weitergeht in dem Buch. Nachher kommt noch Fußball im Fernsehen, das will ich nämlich auch noch schauen. Die Deutschen verlieren zwar sowieso, aber das haben sie auch verdient.
Was? ... Ach so! Ja, ist ja schon gut. Mein Zimmer räume ich auch noch auf. Also, tschüs, soll jemand anderes weitermachen, ich habe keinen Bock mehr."

„Mama, bin ich jetzt dran? Mensch Vali, jetzt laß mich doch mal los! Mama ... der Vali ärgert mich schon wieder! Ist der Benni jetzt fertig? Ich will auch noch was sagen zum Schluß! Also, ich bin froh, wenn dein Buch jetzt fertig ist, dann hast du nämlich wieder mehr Zeit. Ich finde, du sitzt den ganzen Tag vor dem Computer. Und immer, wenn ich dir nur mal zuschauen will, schickst du mich weg, weil du dich nicht konzentrieren kannst. Ich find's toll, eine Mama zu haben, die Bücher schreibt, aber ... wenn sie dann gar keine Zeit mehr für mich hat, dann finde ich es blöd. Warum machst du das eigentlich nicht morgens, wenn ich sowieso in der Schule bin? Da hast du doch genug Zeit! Und abends auch."

„Lea, die Mama sitzt doch gar nicht immer vor dem Computer, gell Mama!? Das sagst du nur, weil du nämlich immer Computer spielen willst, stimmt doch, oder?!"

„Stimmt überhaupt nicht! He, Vali, außerdem bist du noch gar nicht dran! Mama ... der Vali redet mir dauernd dazwischen!"

„Du bist computersüchtig, Lea, stimmt doch, oder?!"

„Mama ... sag dem Vali doch, er soll still sein! Ja, aber du hast ja recht, Vali. Ich finde es einfach ungerecht, daß wir nie Computer spielen dürfen, und die Mama darf so oft an den Computer. Sie darf an den Computer, immer wenn sie will, und wir nie. Und deshalb bin ich froh, wenn sie jetzt fertig ist. Und computersüchtig bin ich gar nicht. Das stimmt nicht. Und außerdem bist du *mamasüchtig*, Vali! Mama, darf ich jetzt eine Freundin anrufen?"

„Lea, spielst du mit mir? Bitte! Wir könnten eine Räuberhöhle bauen, unten im Wohnzimmer. Ich will nicht alleine spielen. Bitte spiel mit *mir!* ... ach, dann spiele ich eben allein. Manchmal ist es blöd, eine Schwester zu haben. Aber den Benni, den find' ich toll. Mit dem könnte ich jetzt einen Kampf machen. Und außerdem finde ich Mamas Buch nicht gut, denn da sind keine Bilder drin. Ich mag nur Bücher mit Bildern zum Angukken, sonst sind Bücher langweilig. Also, Mamas Buch ist langweilig, weil keine Bilder drin sind, finde ich. Tschüs Mama, ich gehe jetzt mal zum Benni rein und dann machen wir eine Schlacht! Peng, peng peng!"

„Meine Güte, Schatz, da haben wir was in die Welt gesetzt." Papa lacht. „Vorhin habe ich mit der Mia telefoniert. Sie hatte es ziemlich eilig, denn sie war gerade auf dem Sprung zu ihrem neuen Freund. Muß ja wirklich die große Liebe sein, was?"

„Ja, man könnte es fast meinen", antworte ich.
„Da scheint es ihr ja ausnahmsweise mal richtig gut zu gehen. Na ja, wird ja auch mal Zeit so langsam."
„Ich weiß nicht, wie du warst als junger Mensch, aber ich habe meine Eltern nicht um mich beneidet. Ich glaube, ich war ein schrecklicher Teenager, und auch in den Jahren danach bekam ich immer zu hören, wie anstrengend und schwierig ich doch sei", erinnere ich mich.
„Ich glaube, dein Vater war richtig froh, daß er dich an mich los wurde", meint Papa. „Heute kann ich mich mit dir auseinandersetzen und er ist diese endlosen Diskussionen losgeworden. Er hat mich richtig mitleidig angeschaut, als ich ihn fragte, ob er Einwände gegen eine Hochzeit hätte."
„Also hör mal! So schlecht geht's dir mit mir nun auch wieder nicht. Es gibt schlimmere Ehefrauen als mich", protestiere ich.
„Irgendwie ist doch alles ganz okay, so wie es ist", räumt Papa ein. „Wir sind ein ganz lustiger Haufen, wir sechs."
„Ja, es ist quasi wie in einem Orchester. Jeder spielt seinen Part, und jeder ist irgendwie wichtig. Ha, jetzt muß ich aber lachen. Mir kommt gerade eine Idee. Sag mal, wenn du dich mit einem Musikinstrument vergleichen bzw. identifizieren müßtest, was würde am ehesten deinem Wesen entsprechen?"
„Hm, gute Frage." Papa denkt nach. „Also, ich glaube, ich wäre eine Posaune."
„Ein Blechblasintrument", bekräftige ich, „ja, das paßt super zu dir. Unüberhörbar, immer tonangebend."
„Und die Armbewegung dabei: Zackig und dynamisch, ja, das würde mir gefallen." Papa lacht. „Und du, liebes Weib, was wärst du?"
„Ich? Schwierig! Also, ein Klavier ... nein, vielleicht eher eine

Gitarre! Genau ... das paßt prima. Die Gitarre kann nämlich wunderbar mit anderen spielen, aber sie kann auch wunderbar allein spielen. Sie *braucht* nicht unbedingt ein anderes Instrument, das mit ihr spielt. Und außerdem ist sie sehr vielseitig. Von Klassik bis zum Volkslied kann man alles auf ihr spielen. Ich finde, ich bin auch sehr vielseitig."
Papa stimmt mir mit heftigem Kopfnicken zu. „In der Tat bist du das! Und der Benni?"
„Der Benjamin, der ist die Triangel!" Ich muß lachen. „Immer nur ein kurzer Einsatz an einer bestimmten Stelle, dann träumt er weiter vor sich hin. Und wenn sein Einsatz kommt, muß man ihn jedesmal in die Rippen boxen, sonst verschläft er den sogar."
Papa muß jetzt auch schallend lachen. „Ganz genau, so ist er!"
„Und Vali ist die Pauke oder die Trommel. Die hat er sich ja in der Musikschule auch gleich unter den Nagel gerissen. Das entspricht am ehesten seinem Temperament", überlege ich weiter, „laut und polternd, auch unüberhörbar, ganz wie du! Und wenn er erst mal richtig lostrommelt, hört man überhaupt nichts anderes mehr."
„Und Lea, Lea ist eine zarte Flöte. Eine Querflöte. Flöten haben so etwas Becircendes, Betörendes. Die wickelt mich ja jetzt schon locker um den Finger, wenn sie mir wie eine Sirene ins Ohr flötet ‚Papa, ich hab' dich so lieb' ", ergänzt Papa.
„Da muß ich eher an den Rattenfänger von Hameln denken ... ha, ha,... bleibt nur noch die Mia!" lache ich. „Also, die Mia erinnert mich am ehesten an ein Cello."
Papa muß auch jetzt wieder herzlich lachen. „Genau! Das Cello mit seinen tieferen Tönen, da schwingt immer ein bißchen Schwermut mit." Papa ahmt alle Instrumente nach und wir amüsieren uns königlich.

„Mein Gott, ist das lustig! Aber es ist schon genial, wie man jedem so ein Instrument zuordnen kann", sagt Papa belustigt, „ein richtiges kleines Ensemble."
„Du hast recht!" rufe ich begeistert, „ein richtiges kleines Ensemble!"
Und noch lange lachen wir über unsere Fantasien, während wir das Fläschchen Wein nun endlich ganz leeren.

V.

Postludium

Wir waren nie ein Duett, Papa und ich.
Wir waren von Anfang an ein Quartett.
Heute sind wir ein Sextett. Ein kleines Ensemble.
Wir sind kein Symphonie-Orchester, nein, dafür reichen die Musiker nicht. Einfach ein kleines, sechsköpfiges, wunderbares Ensemble. Gelegentlich kommt ein Gastmusiker aus der Verwandtschaft hinzu, ein Fagott oder eine Geige, oder sogar ein Kontrabaß, aber im Großen und Ganzen spielen und bleiben wir zu sechst.
Wir sind sehr gut eingespielt. Jeder kennt die Einsätze der anderen und weiß genau, wann er selbst an der Reihe ist. Wenn Valentin auf die Pauke haut, dann wissen wir, daß wir einfach abwarten und still zu sein haben, bis der letzte Paukenschlag verklungen ist. Dagegen anspielen nutzt nicht viel. Ja, und Benjamin, den muß man eben immer wieder an seine Einsätze erinnern. Und Papa, der würde sich zwar in der Rolle des Dirigenten am besten gefallen, aber mit seiner Posaune gibt er sowieso den Ton bei uns an.
Unser Ensemble spielt jeden Tag. Manchmal wiederholen sich die Stücke. Manche muß man immer wieder üben und hat trotzdem das Gefühl, daß die vollkommene Harmonie nie gefunden wird. Schiefe Töne sind immer dabei. Und doch ist unser Ensemble wunderbar. Jeder spielt genau seinen Part am perfektesten und ist deshalb in diesem Miteinander unverzicht-

bar. Und das ist das Wunderbare daran. Ich wollte in keinem anderen Ensemble spielen. Das steht fest!
Doch wer hat unsere Stücke eigentlich komponiert?
Und wer bitte ist denn nun der Dirigent?
Wissen Sie es?

Da capo al fine

Verehrtes Publikum,

das Stück ist zu Ende.
Das Ensemble hat sich die Ehre gegeben, vor Ihnen heute zu spielen, und wenn Ihnen das „Rondo familioso" gefallen hat, so sollten Sie nun applaudieren. Doch das Stück dürfte Ihnen bekannt gewesen sein, denn auch Sie spielen es jeden Tag, Sie und Ihre Familie.
Ich bin der Dirigent und ich bin auch der Komponist des Stükkes. Ich komponiere täglich ähnliche Stücke und jede Familie hat ihr eigenes „Rondo familioso". Ich verteile die Instrumente und die Stimmen, und ich gebe die Tonart vor. Ich weiß, welches Instrument zu Ihnen paßt und was Sie am besten können. Wenn jeder die Stimme übt, die ich ihm zugedacht habe, dann wird er darin Meisterschaft erlangen. Übernimmt er die Stimme eines anderen, so wird niemals ein vollkommenes Stück daraus, und Sie verschwenden nur wertvolle Zeit. Haben Sie es denn nicht schon selbst bemerkt?
Und nun spielen Sie selbst!
… ach, und versuchen Sie nicht, meinen Namen zu erfahren. Er spielt wirklich keine Rolle. Spielen Sie nur, und lassen Sie sich von mir führen. Es wird ganz wunderbar, Sie werden sehen. Vertrauen Sie mir, denn ich kenne Sie am Besten.
Ich kenne Ihre Vorzüge und Ihre Schwächen, das ist Musik!
Spielen Sie, spielen Sie nur! Und hören Sie, hören Sie hin und hören Sie zu, was die anderen spielen. Nur Mut, ich halte den Takt für Sie, dafür bin ich da.

Und nun wünsche ich Ihnen viel Vergnügen!

Der Dirigent

Anhang / Fachworterklärung

affettuoso	(ital.), leidenschaftlich, mit Empfindung
agilmente	(ital.), beweglich, munter
agitato	(ital.), erregt, ungestüm
allegro	(ital.), heiter, lebhaft, schnell, auch Bezeichnung für ein Musikstück
amoroso	(ital.), liebevoll, zärtlich
andante	(ital.), ruhig, gehend, auch Bezeichnung für ein Musikstück
animato	(ital.), beseelt, belebt
appassionato	(ital.), leidenschaftlich
Bagatelle	(franz.), kurzes instrumentales Charakterstück
Capriccio	(ital.), kurzweiliges Instrumentalstück unterschiedlicher Form
capriccioso	(ital.), eigenwillig, launenhaft, kapriziös
Coda	(ital.), Schlußteil eines Formteils oder eines Satzes
cocitato	(ital.), erregt
comodo	(ital.), gemütlich, gemächlich
con dolore	(ital.), klagend, schmerzerfüllt
con forza	(ital.), mit Kraft
da capo al fine	(ital.), Wiederholung von Anfang an bis zum Schluß
determinato	(ital.), bestimmt, entschlossen
Dirigent	(lat.), Leiter einer musikalischen Aufführung

divoto	(ital.), andächtig, ergeben
Etüde	(franz.), Studie, Übungsstück
Fantasie	(lat.), Instrumentalstück in freier Form
Finale	(ital.), Schlußsatz, Schlußszene
fortissimo	(ital.), sehr stark, sehr laut
furioso	(ital.), wild, rasend
giosco	(ital.), lustig, fröhlich, ausgelassen
grave	(ital.), schwer, ernst, auch Bezeichnung für ein Musikstück
Intermezzo	(ital.), Zwischenspiel, Charakterstück
largo	(ital.), breit, langsam, auch Bezeichnung für ein Musikstück
maestoso	(ital.), erhaben, festlich
ma non troppo	(ital.), aber nicht zu sehr
mezzo	(ital.), mittel, halb
misterioso	(ital.), geheimnisvoll
moderato	(ital.), mäßig bewegt
molto	(ital.), sehr
Ouvertüre	(franz.), Vorspiel, Einleitungsmusik zu einem Bühnenwerk
per tutti	(ital.), für alle
presto	(ital.), schnell
Reprise	(franz.), Wiederholung eines Formteils
Rondo	(ital.), ursprünglich Rundgesang mit mehrfachem Wechsel von Kehrreim und Strophe; Instrumentalstück mit mehrfach wiederholtem Hauptthema und eingestreuten Zwischenteilen
Postludium	(lat.), Nachspiel

Scherzo	(ital.), schneller Satz in zyklischen Werken, auch selbständiges Instrumentalwerk
sempre	(ital.), immer
Sextett	(ital.), Vereinigung von sechs Musikanten bzw. Komposition für sechs Instrumente
solo	(ital.), allein
unisono	(ital.), in Einklang
Variation	(lat.), Veränderung, Abwandlung eines Themas durch Umspielen
vivace	(ital.), lebhaft

Ich danke meinen Kindern und meinem Mann, die durch ihre Offenheit und Geduld dieses Buch ermöglicht haben. Ich danke auch meinen Eltern, die das Buch durch Beiträge aus unserer gemeinsamen Vergangenheit bereichern konnten. Ich danke meiner Freundin Stephanie Andrée fürs Korrekturlesen und schließlich Friederike Schmitz vom Fouqué Literaturverlag, die mich mit ihrer spontanen Begeisterung ermutigt hat, dieses Buch zu veröffentlichen sowie Barbara Schmitt, die die gesamte Herstellung des Buches so einfühlsam betreut hat.